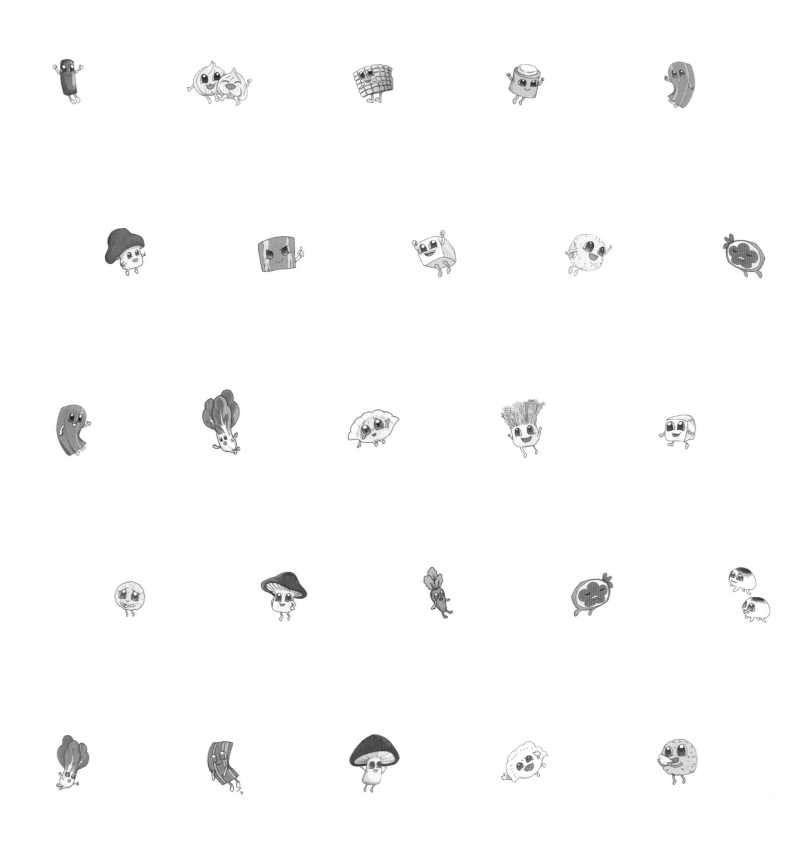

火鍋奇幻物語

國中自然科一日特訓

文・曾明騰　圖・米巡&步烏

快樂文化

目錄

生活即科學，科學即生活

曾明騰

隨著課綱把知識點拆解，老師循序漸進的講授學科知識，生物、理化、地球科學分門別類立正站好，但若知識彼此沒有連結，學生的學習思維將變得很單一；偏偏，跨出校門後進入社會、職場，遇到的大多是複雜性的問題，需要具備一顆跨學科、跨領域的「聯想腦」來應對，因此培養統整連結的能力非常重要。

火鍋是我們日常生活裡常見的料理方式，從備料到烹煮，從烹煮到食用，這個歷程中其實蘊藏著滿滿的知識點，我在課堂上，就實際帶領學生一同體驗煮火鍋，而融入生物、理化、地球科學的學習。

這一次，我特別把課程內容轉化成書籍的架構，加入奇幻有趣的故事來串連，希望學生們讀後對自然科有更全面具體的認識，同時得到樂趣，能和主角一起熱血的讀書就更好了！

閱讀本書的方式很自由，你可以單純享受故事，從精靈和人類之間的互動中增長（複習）知識；進一步可讀右頁的知識圖解和心智圖；想要複習更多學科內容，可搭配後面條列式的重點整理，跟歷屆試題的挑戰，版面左右兩邊的空間可以寫上自己的筆記和心得，成為自己內化的知識。

知名心理學家皮亞傑曾經說過一句話：邏輯，是人類思維的鏡子，引導學生理解科學原理間的脈絡，並且旁徵博引的擴增想像，是非常重要的。在現今的教育趨勢浪潮下，學校老師的引導方式可簡單分為以下五步驟：

① 觀察，運用五感觀察生活環境的變化。
② 聯想，擴散性、延伸性的想像後提出問題。
③ 知識，找到相關知識來解決前一步的問題。
④ 延展，解決問題後可能產生新問題，便回到第三步找答案。
⑤ 學習地圖，將前四步驟依心智圖繪製出專屬於你的學習地圖。

當學生能從「見樹不見林」躍遷到「見樹又見林」的學習思維，一定能提升學習動機與學習成就。讓我們以生活為藥引，知識為配方，脈絡聯想當做催化劑，將能從學習中得到許多樂趣！

人物介紹

小晴

國中三年級女生，和阿明是從小一起長大的青梅竹馬。個性溫柔貼心，她聰明用功，段考成績經常在校排前三名，但有點擔心自然科的生活素養題型。

阿明

國中三年級男生，和小晴是從小一起長大的青梅竹馬。個性開朗大方，他是運動健將，在班上的學業成績也名列前茅。

精靈王卜帕

神祕的精靈族的長老，年紀不可考，白髮白鬍子，總是笑咪咪的樣子，具備富有磁性和智慧的嗓音，很喜歡講知識給大家聽。他有高超魔力，想變出什麼都可以，但不會輕易施展。

小精靈

平時隱身在人類世界裡，但只要有人類的堅強信念感召，就能化身爲各種可愛Q版物體而現形。他們個性率眞，愛玩愛吃愛問問題。

國三學生的青春，摻和了一部分的讀書與考試，這個夏天的大事之一，
就是國中會考，現在正是學子們勤勉複習課程的時刻。

星期六上午，阿明和小晴一如往常的相約到圖書館念書。

熟識的圖書館館員阿姨，來替他們加油打氣。

加油喔！你們一定能考上心目中的理想學校！

謝謝阿姨！

啊～讀得有點累了，好想大吃一頓填飽我的胃和心靈。

那你想吃什麼呢？

7

我想吃火鍋，火鍋裡什麼食材都有，多種選擇一次滿足！

哈！我也很愛吃火鍋！

 我家最近買了新的電磁爐，不如明天到我家一起煮火鍋如何？

好啊！自己煮火鍋好像很好玩耶！

兩個愛吃火鍋的孩子，決定星期日一起動手煮火鍋，不但補充能量，也提振精神，消除讀書的疲累。

阿明和小晴一早到了超市，挑選自己喜歡的火鍋食材。

每盒肉看起來都好好吃！

嗯……要選哪種鍋底好呢？麻辣鍋……泡菜鍋……酸白菜鍋？

正當小晴和阿明認真選著貢丸口味時，
眼前忽然冒出一個可愛的身影。

你你你，你是？

嗨！小晴、阿明，我是貢丸小精靈！因為你們認真學習的精神，讓我現身到人類世界了！

咦？你……長得好可愛！真的是小精靈嗎？

9

接著，撲通撲通，更多可愛的食材小精靈陸續出現在眼前，
還有一位精靈王。

我是精靈王卜帕，其實我
們精靈族長期與人類共存，
平時是隱形的，但當我們
受到你們正向信念感動時，
就會現身來協助。

今天，我們不只要協助你
們料理美味的火鍋，還要
幫你們從煮火鍋的過程中，
統整自然科的知識，一邊
享用美食，一邊複習！

太酷了!這個世界原來真的有精靈!

包在我身上,因為我是睿智的精靈王卜帕!

話說回來,煮火鍋可以統整知識?

我們一起來辦火鍋party吧!

精靈王魔力很高強喔!

原來,兩個孩子認真讀書的精神,觸發精靈現身!

經過一番認知協調後……阿明和小晴已欣然接受精靈的出現,決定大家一起煮火鍋兼複習知識。

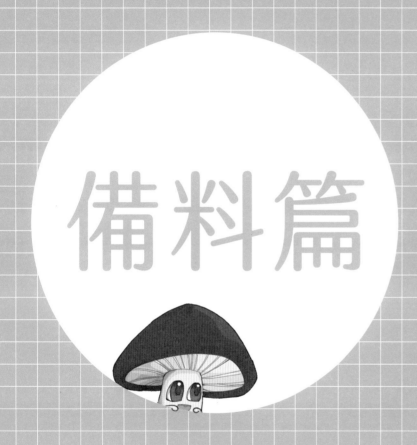

備料篇

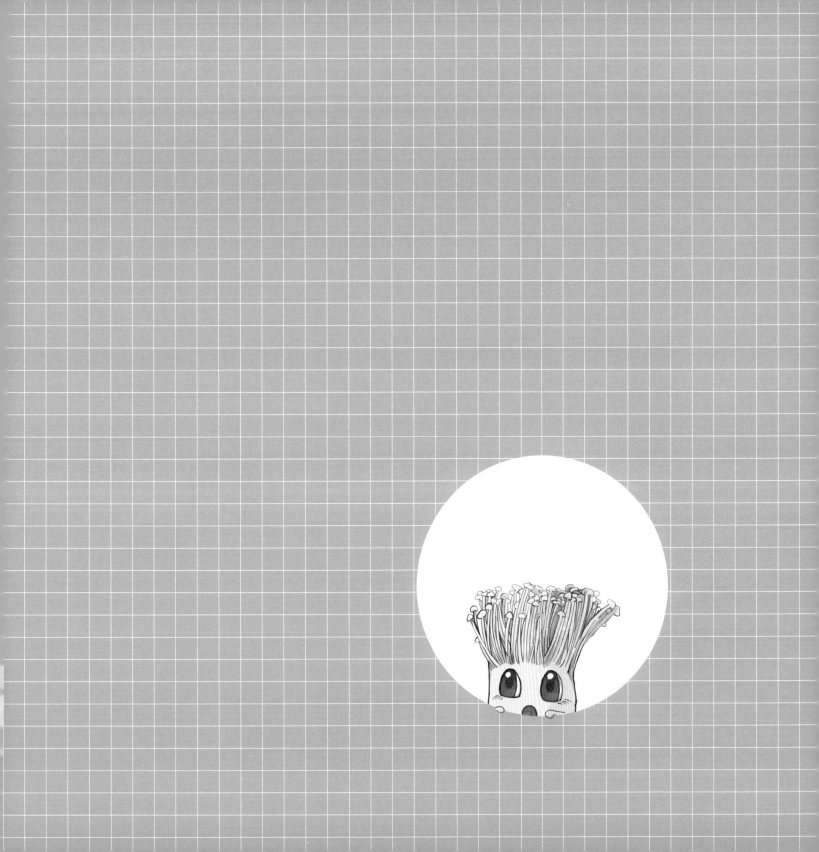

課堂
1 生命現象・生物界分類

阿明與小晴在超市內挑選火鍋食材，精靈王把超市當成教室，也開始上課了。

你們所吃的火鍋食材，基本上都是從生物身上而來的。誰能舉出生物和非生物的例子呢？

等一下，我有問題！我們精靈界要歸屬在哪裡？！

吼～我們精靈界是例外啦！先回到人類世界的一般情況來……

像人類就是生物，石頭就是非生物。

沒錯。生物和非生物之間的界定，是以生命現象來區分。具有生命現象的是生物，不具有生命現象的是非生物。

你們知道生物可分為哪五大界嗎？你們手邊採買的食材，想想看它們分別來自哪些生物，可以歸類在哪一界呢？

生命五大界

哺乳類
有脊椎，
如人類

爬蟲類
有脊椎，如蜥蜴

鳥類
有脊椎，
如麻雀

兩生類
有脊椎，如青蛙

節肢動物
無脊椎，如蝴蝶

魚類
有脊椎，
如鯛魚

軟體動物
無脊椎，如蝸牛

棘皮動物
無脊椎，
如海星

刺絲胞動物
無脊椎，如水母

動物界

環節動物
無脊椎，如蚯蚓

扁形動物
無脊椎，如渦蟲

被子植物
種子包在
內部

裸子植物
種子裸露

蕨類
有維管束

蘚苔
無維管束

植物界

微菌   蕈類   酵母菌
有菌絲   有菌絲   無菌絲

眞菌界

藻類   原生菌類   原生動物
光合作用   體外消化   體內消化

原生生物界

藍綠菌（藻）
有葉綠素

細菌
無葉綠素

原核生物界

小知識

瑞典的學者林奈，透過二名法來統一生物的命名，並且以拉丁文字來書寫，學名＝屬名＋種小名。屬名爲名詞，第一個字母需大寫；種小名爲形容詞，全部爲小寫字母。將世界的物種統一命名，可有效避免不同地區物種名稱上的誤解或混淆。

15

我選的雞蛋、鴨血、豬肉，它們來自雞、鴨和豬，屬於動物界。

玉米、高麗菜、茼蒿、大白菜、芹菜都是蔬菜，屬於植物界。

還有我們香菇、金針菇……

是真菌界！

顯微鏡的構造

卜帕，我在這裡找不到原核生物界的生物耶？

常見的複式顯微鏡，是運用兩片凸透鏡，以光折射的原理來形成放大的像，讓我們能透過顯微鏡來看見細菌。

目鏡

物鏡

載物台

光圈

細調節輪

反光鏡

粗調節輪

呵呵呵，那是因為原核生物界的生物都很微小，無法用肉眼看見，必須透過光學顯微鏡才能看見它們喔。

觀念聯想心智圖

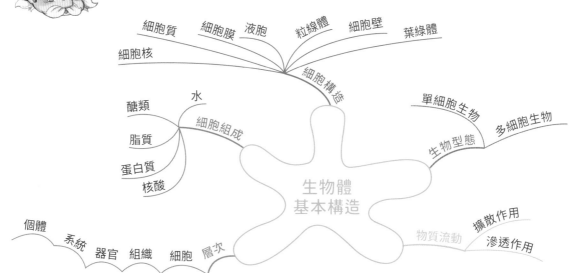

細胞質　細胞膜　液胞　粒線體　細胞壁　葉綠體

細胞核

細胞構造

醣類　水

脂質　細胞組成

蛋白質

核酸

單細胞生物

多細胞生物

生物型態

生物體基本構造

個體　系統　器官　組織　細胞　層次

物質流動

擴散作用

滲透作用

課綱精華 故事裡的知識延伸

生命現象

生命現象包括生長、生殖、代謝、感應，能同時表現出這四種現象者可稱為生物。

生長　　就如人類從小嬰兒逐漸長大成人，或是小種子成長為大樹。

生殖　　就是繁衍下一代，可分為無性生殖和有性生殖。

無性生殖　是不需精卵結合的生殖方式，例如：變形蟲、渦蟲、黴菌等。

有性生殖　是以精卵結合的生殖方式，例如：人類、狗、貓等。

代謝　　是生物體內的分解作用與合成作用，過程中可產生能量。

感應　　對環境中的變化產生感覺與反應。

生物界分類

原核生物界

是非常原始的物種，沒有明顯的細胞核構造與核膜，遺傳物質 DNA 散布在細胞質內。常見的原核生物可分為：

1. 藍綠菌，也稱為藍綠藻，是目前所發現最早的生物，約在 35 億年前誕生，具有葉綠素，但無葉綠體，可行光合作用，自行製造營養，屬於自然界中的生產者。

2. 細菌，依其外觀形態可分為球菌、桿菌、螺旋菌等，為自然界中重要的分解者，也是所有生物中數量最多的一類。

原生生物界

從原生生物界開始皆為真核生物，有明顯細胞核的構造，具有核膜。可簡單分為三大類：

1. 藻類，可行光合作用，自行製造營養，屬於自然界中的生產者，種類多樣，如綠藻、褐藻、紅藻、矽藻等。目前推論綠藻為植物界的祖先。

2. 原生菌類，常見可分為黏菌和水黴菌，也是自然界中重要的分解者。

3. 原生動物類，為單細胞生物，是最接近動物界的原生生物，可分為變形蟲類、纖毛蟲類、鞭毛蟲類……屬於自然界中的消費者。

真菌界／菌物界

真菌界是自然界中重要的分解者，可分為以下三大類：

1. 黴菌，為多細胞生物，具有細胞壁，利用孢子繁殖，有白色的菌絲，而孢子囊的顏色多樣，大多用於黴菌的命名，例如：黑黴菌、紅黴菌、青黴菌等。有些種類可用來製作抗生素，抑制細菌的生長與繁殖。

2. 酵母菌，唯一的單細胞真菌，具有細胞壁，利用出芽生殖。在食品科學上應用極廣，例如利用無氧發酵製造酒精。

3. 蕈類，為多細胞生物，具有細胞壁，利用孢子繁殖，構造分為蕈傘、蕈柄和蕈摺。在料理中也十分常見。

植物界

植物界是自然界重要的生產者，有葉綠體和細胞壁，可自行製造養分，依演化順序可分成以下四大類：

1. 蘚苔植物，又稱無維管束植物，沒有根、莖、葉等構造，可分為蘚類和苔類。可利用孢子繁殖行無性生殖，也可精卵結合行有性生殖，常見物種為地錢和土馬騌。

2. 蕨類植物，維管束植物，利用孢子繁殖，多數具羽狀複葉。現今蕨類的構造大多為地下莖，而遠古時期的蕨類其實長得十分高大，當它們被深埋在地底下長久時間，經高溫高壓變質作用後，就形成現今的煤礦。常見物種為鳥巢蕨、山蘇等。

3. 裸子植物，屬於維管束植物、種子植物。因胚珠外圍沒有子房壁保護，種子裸露在外，所以稱為裸子植物。行有性生殖，毬果有雌雄之分，毬果有翅可隨風飄散。常見物種為蘇

鐵、銀杏、松樹、柏樹等。

4. **被子植物**，屬於維管束植物、種子植物，又稱為開花植物。行有性生殖，可分為單子葉植物和雙子葉植物兩大類（子葉可提供植物胚胎發育時所需的養分），特徵如下：

單子葉植物

01. 一枚子葉
02. 花瓣個數是 3 或 3 的倍數
03. 葉脈為平行脈
04. 沒有形成層，莖無法加粗
05. 維管束排列為散生
06. 鬚根系，吸水性佳，固著性差

雙子葉植物

01. 兩枚子葉
02. 花瓣個數為 4、5 或 4、5 的倍數
03. 葉脈為網狀脈
04. 有形成層，莖可加粗
05. 維管束排列為環狀排列，形成層向內增生木質部，向外增生韌皮部
06. 軸根系，固著性佳

動物界

動物界無法自行製造營養，需透過捕食他種生物來獲取營養，為自然界重要的消費者。可簡單分為無脊椎動物和脊椎動物。

無脊椎動物

1. **刺絲胞動物門**，輻射對稱，有特殊的刺絲胞構造，內藏毒針可麻痺獵物，一體腔一開口，常見物種為水母、海葵、珊瑚、水螅等。

2. **扁形動物門**，兩側對稱，有口無肛門，常見物種為渦蟲、吸蟲、絛蟲等。

3. **軟體動物門**，身體柔軟不分節，物種多樣性僅次於節肢動物門，常見物種可分為三大綱：
   01. 斧足綱，兩片殼，例如文蛤。
   02. 腹足綱，單殼，例如蝸牛。
   03. 頭足綱，無殼或是殼退化埋在皮膚底下，例如烏賊、章魚。

4. **環節動物門**，身體柔軟有分節，常見物種為蚯蚓，利用剛毛運動。

5. **節肢動物門**，體表具有幾丁質的外骨骼，身體分節，為動物界種類最

多的一門，常見可分為三大綱：

01. 昆蟲綱，有三對步足，可分為頭、胸、腹三部分，大部分具兩對翅，少數僅一對翅或無翅。成長過程可分為完全變態和不完全變態，完全變態即成體與幼體的外觀形態完全不同，會經歷蛹期，例如：蝴蝶、蛾；不完全變態即成體與幼體的外觀形態幾乎相同，有個體大小差異，沒有蛹期，例如：蝗蟲、蟋蟀。

02. 蛛形綱，有四對步足，常見物種為蜘蛛、蠍子等。

03. 甲殼綱，有五對步足，多生活在水中，有些種類有泳足，常見物種為螃蟹、蝦等。

6. 棘皮動物門，生活在海中，特有構造為水管系統和管足，常見物種為海星、海膽、海參等。

脊椎動物

1. 魚類，卵生，體外受精，用鰓呼吸，可分為硬骨魚和軟骨魚。

2. 兩生類，卵生，體外受精，幼體用鰓呼吸，成體用發育不完全的肺呼吸。可分為有尾兩生類和無尾兩生類。

3. 爬蟲類，卵生，體內受精，用肺呼吸，體表具有可防止水分散失的鱗片或骨板。

4. 鳥類，卵生，體內受精，用肺呼吸，可在空中飛翔的鳥類具有下列特殊構造：

   01. 具中空質輕的骨骼
   02. 具有羽毛附著的翅膀
   03. 肺部的許多小肺泡可協助呼吸
   04. 具有瞬膜，可保護高空飛行時的眼睛
   05. 極佳的視力

5. 哺乳類，體表有毛，體內受精，用肺呼吸。可分為卵生哺乳類、有袋哺乳類、胎生哺乳類。

1 已知仙人掌有針狀葉及肥厚可儲水的莖，並可開花結果。根據上述說明，有關仙人掌的分類及其依據，下列何者最合理？

(A) 屬於裸子植物，因具有果實
(B) 屬於裸子植物，因具有針狀葉
(C) 屬於被子植物，因具有花的構造
(D) 屬於被子植物，因具有特殊功能的莖

2 小蘭使用複式顯微鏡觀察細胞，原本用的目鏡和物鏡的倍率如附圖所示。若她不改變目鏡，但想用 400 倍的放大倍率觀察，則物鏡應改用下列何種倍率？

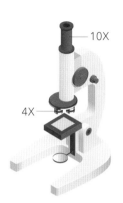

(A) 4× (B) 10×
(C) 40× (D) 100×

3 如附圖所示，甲、乙為一臺複式顯微鏡上兩種不同倍率的物鏡。小閔使用此顯微鏡觀察口腔皮膜細胞，他按照使用顯微鏡的標準步驟依序開始操作，有關物鏡的轉換及視野亮度的變化，下列敘述何者最合理？

(A) 先用甲再轉換到乙，視野亮度變暗
(B) 先用甲再轉換到乙，視野亮度變亮
(C) 先用乙再轉換到甲，視野亮度變暗
(D) 先用乙再轉換到甲，視野亮度變亮

甲　乙

4 甲、乙及丙為一臺複式顯微鏡上三種不同倍率的物鏡，其外型如附圖所示。小柏使用此顯微鏡觀察植物細胞，他利用乙物鏡觀察後，再轉換另一物鏡，結果視野下的細胞數目減少，有關他轉換後的物鏡及其視野範圍的變化，下列何者最合理？

(A) 甲，視野範圍放大
(B) 甲，視野範圍縮小
(C) 丙，視野範圍放大
(D) 丙，視野範圍縮小

甲　乙　丙

 解析

1. 仙人掌可開花結果，屬開花植物（亦為被子植物）。故答案是（C）。
2. 放大倍率＝目鏡倍率×物鏡倍率，在不更改目鏡倍率下，需使用 400÷10＝40 倍的物鏡。故答案是（C）。
3. 甲物鏡較短，放大倍率較低，且低倍物鏡視野較亮，而觀察細胞須由低倍物鏡甲先觀察。故答案是（A）。
4. 物鏡愈長，放大倍率愈大，視野範圍縮小。當乙物鏡更換至其他物鏡後，視野內細胞數目變少，表示放大倍率增加，視野範圍縮小；因丙物鏡較乙物鏡長，放大倍率較大。故答案是（D）。

5 附圖是地質年代與生物種類的對照示意圖，圖中線段表示該種類生物生存的時間範圍，其地質年代長度未按比例繪製。已知某沉積岩地層形成的時間大約在中生代末期，根據附圖推測，該地層中最有可能出現下列何種化石組合？

（A）三葉蟲、象、銀杏
（B）銀杏、種子蕨、恐龍
（C）象、三葉蟲、種子蕨
（D）種子蕨、恐龍、靈長類

地質年代	出現的生物種類
新生代	靈長類
中生代	象
古生代	銀杏　恐龍　種子蕨
前寒武紀	三葉蟲

6 附表爲海中四種動物的代號、名稱及特徵，若要以脊椎骨的有無做爲分類依據，則下列哪一分類結果最合理？

（A）一組爲甲、乙；另一組爲丙、丁
（B）一組爲甲、丁；另一組爲乙、丙
（C）一組爲乙；另一組爲甲、丙、丁
（D）一組爲丙；另一組爲甲、乙、丁

代號	名稱	特徵
甲	海蛇	具鱗片以肺呼吸
乙	海鰻	具鱗片以鰓呼吸
丙	海兔	身體柔軟不分節
丁	海牛	母體可分泌乳汁

7 小喬找到有關「小白鷺、中白鷺、大白鷺」的資料，並整理如附表所示。根據此表，成年的小白鷺學名應爲下列何者？

（A）*Ardea alba*
（B）*Egretta alba*
（C）*Egretta garzetta*
（D）*Egretta intermedia*

俗名	學名
小白鷺	*Egretta garzetta*
中白鷺	*Egretta intermedia*
大白鷺	*Ardea alba*

8 某生使用放大倍率爲40倍的解剖顯微鏡觀察某一圖形，視野下如附圖所示。在不轉動圖形的情況下，若改以目鏡10X、物鏡4X的複式顯微鏡觀察，下列何者最可能是在該倍率的複式顯微鏡視野下觀察到的圖形？

（A）　（B）
（C）　（D）

解析

5. 因沉積岩的形成時間在中生代末期，由圖表推論，可能在此沉積岩出現的化石爲銀杏、種子蕨及恐龍。故答案是（B）。

6. 依表中特徵判斷，甲海蛇爲爬蟲類，乙海鰻爲魚類，丙海兔爲軟體動物，丁海牛爲哺乳類。除丙之外，其他皆爲脊椎動物。故答案是（D）。

7. 幼年和成年的小白鷺是同樣物種，所以學名相同。故答案是（C）。

8. 解剖顯微鏡看到的影像和實際物體相同，而複式顯微鏡則上下顛倒、左右相反。又此題複式顯微鏡使用的放大倍率爲10×4＝40，與解剖顯微鏡同，因此影像大小相同。故答案爲（D）。

9 在演化過程中，各類植物曾產生一些有利於適應陸地環境的構造。若依陸地植物演化的順序，推論種子、果實及維管束三構造出現的先後，下列何者最合理？

(A) 維管束→果實→種子
(B) 維管束→種子→果實
(C) 果實→種子→維管束
(D) 果實→維管束→種子

10 已知在某地區的脊椎動物只有哺乳類、鳥類和爬蟲類，若小平依其調節體溫變化的不同，分成內溫動物及外溫動物兩群。有關此地區中脊椎動物的生殖方式，下列敘述何者最合理？

(A) 內溫動物、外溫動物皆必爲胎生
(B) 內溫動物必爲胎生，外溫動物必爲卵生
(C) 內溫動物、外溫動物皆必爲體內受精
(D) 內溫動物必爲體內受精，外溫動物必爲體外受精

11 探討未知的生物現象時，可依序用：(1) 觀察、(2) 提出問題、(3) 提出假設性的答案、(4) 設計實驗四個步驟來得到結論。小成要研究螞蟻的行為，列出了甲、乙、丙、丁四個敘述，如附表所示，若依上述探討生物現象的步驟，則下列何者屬於第 (3) 步驟？

(A) 甲　(B) 乙　(C) 丙　(D) 丁

編號	敘述
甲	利用果汁畫出彎曲的路線，觀看螞蟻的反應
乙	可能是地面上有殘留果汁可以吸引螞蟻
丙	為什麼螞蟻會沿著直線前進
丁	螞蟻常常沿著直線前進

12 附表是拉丁文及其參考意義的對照表。某一待確認學名的豬與野豬之外觀形態如圖所示，已知兩者自然交配下所生的子代具有生殖能力，且野豬的學名爲 *Sus scrofa*，則此待確認的豬之學名應爲下列何者？

(A) *Sus laevis*　(B) *Sus scrofa*
(C) *Porcula scrofa*　(D) *Porcula laevis*

待確認學名的豬　　野豬

拉丁文	參考意義
sus	豬
porcula	姬豬（小的豬）
scrofa	豬的
laevis	無毛的

解析

9. 植物演化的先後順序如下：蘚苔植物（無維管束植物）→蕨類植物（維管束植物）→裸子植物（有種子、無果實）→被子植物（有種子、有果實）。故答案是（B）。

10. 哺乳類和鳥類屬於內溫動物，爬蟲類屬於外溫動物；鳥類和爬蟲類全為卵生，哺乳類大多是胎生，只有少數如鴨嘴獸、針鼴是卵生，此三類生物皆為體內受精。故答案是（C）。

11. 「可能」是提出假設性答案（假說）。甲：設計實驗；丙：提出問題；丁：觀察。故答案是（B）。

12. 能在自然狀況下交配並產下具生殖能力的後代，代表為同種生物，學名也會相同。故答案是（B）。

13 附表為小慧列出家燕及家雨燕的分類資料，她推論「家燕和家雨燕在分類上為不同科的生物」，依生物分類階層的概念，小慧最可能是根據表中的哪一項內容作出推論？

（A）綱　（B）目　（C）屬　（D）種

鳥類名稱 分類階層	家燕	家雨燕
綱	Aves	Aves
目	Passerformes	Apodiformes
屬	*Hirundo*	*Apus*
種	rustica	nipalensis

14 附圖為銀杏（學名：*Ginkgo biloba*）的示意圖，已知銀杏屬於裸子植物，其種子俗稱為白果，白果及銀杏葉可用於食用及環境美化。下列關於銀杏的推論，何者正確？

（A）*Ginkgo* 為形容詞
（B）屬於單子葉植物
（C）不具有果實的構造
（D）白果為開花後產生

銀杏

白果

15 某研究機構估計出臺灣各類別的植物物種數量百分比，如附表所示。根據此表分析，下列何者所涵蓋的物種數量百分比最合理？

（A）雙子葉植物占 61.5%
（B）不會開花的植物占 38.5%
（C）沒有維管束的植物占 37.0%
（D）可產生果實的植物占 63.0%

類別	物種數量百分比
蘚苔植物	26.1%
蕨類植物	10.9%
裸子植物	1.5%
被子植物	61.5%

解析

13. 根據分類階層高至低排列為：界、門、綱、目、科、屬、種，同目必同綱，必同門，必同界。由圖表可知，家燕和家雨燕同綱，不同目；不同目必不同科，可推論「家燕和家雨燕在分類上為不同科的生物」。故答案是（B）。

14. （A）學名的第一個字是屬名，為名詞；（B）銀杏為裸子植物；（D）銀杏不會開花。故答案是（C）。

15. （A）被子植物包含單子葉和雙子葉植物，二者總和是 61.5%；（B）除被子植物外，皆為不會開花的植物，總和是 26.1% ＋ 10.9% ＋ 1.5% ＝ 38.5%；（C）沒有維管束的植物是蘚苔植物 26.1%；（D）可產生果實的植物是被子植物，佔 61.5%。故答案是（B）。

阿明與小晴採買了豐富的食材回家，接著一起清洗、備料，小精靈們也在旁幫忙。

請問大家，生命世界中，生物生存所需的能量是從哪裡來的呢？

就是吃東西呀！

老師說過，地球上能量最終的來源是太陽，所以應該是透過光合作用，將太陽的能量轉化進生命世界。

小晴說的完全正確！植物透過光合作用把太陽的能量轉化成體內的養分；植食性生物吃植物可獲得能量；肉食性生物再捕食植食性生物，能量再次傳遞。

光合作用

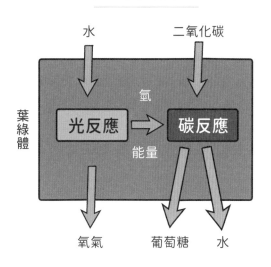

葉綠體

水　　　　二氧化碳

氧

光反應　➡　碳反應

能量

氧氣　　葡萄糖　水

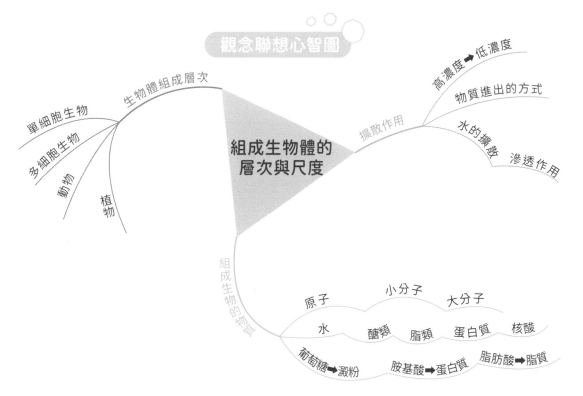

觀念聯想心智圖

組成生物體的
層次與尺度

生物體組成層次
單細胞生物
多細胞生物
動物
植物

擴散作用
高濃度 ➡ 低濃度
物質進出的方式
水的擴散
滲透作用

組成生物的物質
原子　　小分子　　大分子
水　　醣類　脂類　蛋白質　核酸
葡萄糖 ➡ 澱粉　　胺基酸 ➡ 蛋白質　　脂肪酸 ➡ 脂質

說到太陽，地球跟太陽都位於太陽系，而太陽就是提供熱源的恆星。

嘿～萬能的精靈王能不能帶我們去看太陽系八大行星啊？

呵，既然你誠心誠意的發問了，那我施展一個珍藏的高超魔法，帶大家一起飛出地球！

說時遲那時快，精靈王卜帕吹起一個大氣泡，把大家都包起來，一飛衝天，穿越大氣層。

大家看，我們的大氣有分層現象，隨高度變化有不同的溫度。

大氣泡很快就進入浩瀚的宇宙，然後又迅速環繞太陽系一圈。所有人目瞪口呆！

大氣的分層

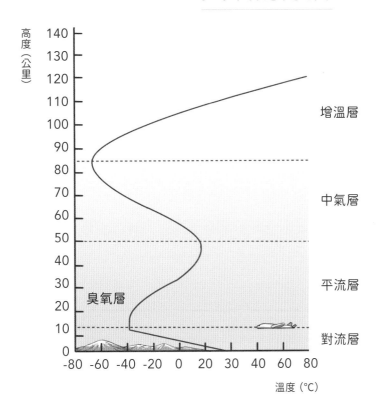

高度（公里）

140
130
120
110
100
90
80
70
60
50
40
30
20
10
0

增溫層

中氣層

平流層

臭氧層

對流層

-80 -60 -40 -20 0 20 30 40 60 80

溫度（℃）

小知識

大氣層的功用：提供生物所需的氣體；保護地球避免隕石和宇宙射線的傷害；吸收太陽光的紫外線；溫室氣體形成溫室效應，使地面有穩定溫度。

太陽系八大行星

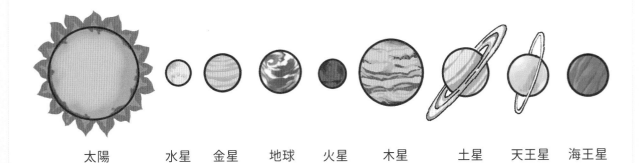

太陽　　水星　金星　地球　火星　木星　　土星　　天王星　海王星

課綱精華 ● 故事裡的知識延伸

生態系的成員

生態系是生物和周遭環境所構成的複雜體系。從一個小水灘，大到整個地球，都可視為生態系。在這個環境裡的空氣、水、土壤等，與生物彼此交互作用，不斷進行物質的交換和能量的傳遞，構成一個整體。依照各個生物在生態系營養階層上所扮演的角色和功能差異，可分為：

生產者：可自行製造營養的生物，包含原核生物界中的藍綠菌（藍綠藻）、原生生物界中的藻類、植物界。

消費者：無法自行製造營養，需透過攝食來獲取營養的生物，包含原生生物界中的原生動物、動物界。

分解者：透過分解動植物屍體來獲取營養的生物，包含原核生物界中的細菌、原生生物界中的原生菌類、真菌界。

光合作用

包含兩種反應：

1. 光反應，將水分解的反應。由陽光提供能量，透過葉綠素將水分解成氧氣、氫氣和能量。

2. 碳反應，合成葡萄糖的反應。利用空氣中的二氧化碳與（光反應所產生的）氫氣和能量，製造出葡萄糖，成為生物所需的養分，當葡萄糖被氧化分解後就可產生能量。因為碳反應時所需能量是由光反應所提供的，故不需照光即可進行碳反應。

自然界中的生產者是將太陽能量帶進生命世界的大功臣，而光合作用是將能量從無機世界轉化進有機世界的關鍵。

地球大氣的分層現象

第一層離地表最近，稱為**對流層**，離地表約0～11公里的區域。在對流層中，離地

表愈高、氣溫愈低，氣壓也會降低。這裡含有約75%的大氣，也是大氣層中密度最高的區域；大部分的天氣現象都發生在對流層，飛機飛行時遇到的亂流幾乎都發生在對流層。

第二層在對流層之上，稱為**平流層**，約離地11～50公里之間的區域。在平流層中，離地高度愈高、氣溫也愈高。遠程航線的班機大多會在此層航行，避免亂流對遠程航行的影響。臭氧層也位於平流層內，離地約20～25公里。

第三層在平流層之上，稱為**中氣層**，約離地50～85公里之間的區域，在中氣層中，離地高度愈高、氣溫愈低，大氣層中的最低溫就發生在中氣層。

第四層在中氣層之上，稱為**增溫層／熱氣層**，約離地85公里以上區域，在增溫層中離地高度愈高、氣溫也愈高。增溫層的空氣密度極低，美麗的極光就發生在增溫層。

地球與太陽系

地球會自轉也會公轉，地球自轉一周的時間為一天，一天約24小時；地球繞太陽公轉一周的時間為一年，一年約365.25天。所以每四年會出現一次閏年（366天）來彌補人為紀年的誤差。

我們的地球自轉軸傾斜23.5度，因此當太陽直射時，地球上產生了春、夏、秋、冬四季變化。如果地球自轉軸沒有傾斜，將沒有四季變化。

以地球的北半球為例，
春分：陽光直射赤道，晝夜等長。
夏至：陽光直射北回歸線，晝最長夜最短。
秋分：陽光直射赤道，晝夜等長。
冬至：陽光直射南回歸線，晝最短夜最長。

月相變化週期

月球繞地球公轉一周約為一個月，我們常

用的農曆曆法，就是觀測月球與地球間的關係所制定的。

農曆初一／朔月：
月亮上午6點東升，中午12點運行到頭頂上方，下午6點西落。所以農曆初一晚上看不到月亮。日食必在農曆初一發生，但注意並非每次朔月皆有日食。

農曆初七／上弦月：
月亮中午12點東升，下午6點運行到頭頂上方，晚上12點西落。

農曆十五／望月：
月亮下午6點東升，晚上12點運行到頭頂上方，上午6點西落。月食必在農曆十五發生，但注意並非每次望月皆有月食。

農曆二十二／下弦月：
月亮晚上12點東升，上午6點運行到頭頂上方，中午12點西落。

太陽系的組成

恆星是指能自行發光發熱的星球，太陽便是太陽系裡唯一的恆星；地球是行星，無法自行發光發熱，繞著恆星公轉，可反射光線；月球則是衛星，無法自行發光發熱，繞著行星公轉，可反射光線。
所以，我們在晚上看見的月光，其實是月球反射太陽的光線。

距太陽最近的行星是水星，再來依序是金星、地球、火星、木星、土星、天王星、海王星。離太陽比較近的水星、金星、地球、火星這四顆行星，體積較小，密度較大，由岩石和金屬所組成，稱為類地行星；而離太陽比較遠的木星、土星、天王星、海王星這四顆行星，體積較大，密度較小，由氣體和冰所組成，稱為類木行星。

趣味問答

從故事開始到本頁爲止，內頁一共出現了幾隻貢丸小精靈？

（答案在下一頁）

自我挑戰

1 附圖為太陽、地球、月球相對位置示意圖。假設太陽、地球、月球在運行過程中皆位於同一平面上，月球位於圖中何處時，太陽受到地球的萬有引力作用方向及月球受到地球的萬有引力作用方向相同？

(A) 甲　(B) 乙　(C) 丙　(D) 丁

2 附圖是學生整理的宇宙組織關係圖，甲、乙、丙代表三個不同層級的結構，且三者在空間中的大小關係為甲＞乙＞丙。下列有關三者的敘述，何者最合理？

(A) 若甲是太陽系，則乙可填入星系
(B) 若甲是銀河系，則乙可填入太陽
(C) 若乙是行星，則丙可填入恆星
(D) 若乙是銀河系，則丙可填入星系

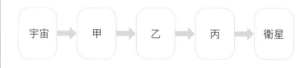

3 白白分別在夏至（6/22）當天與冬至（12/22）當天到同一處海邊遊玩，在正午時她看見懸崖邊的燈塔影子分別如附圖所示。根據圖中燈塔影子的長度與方位判斷，此燈塔最可能位於下列何處的海邊？

(A) 南緯40度　(B) 北緯40度
(C) 南緯20度　(D) 北緯20度

解析

1. 當月球運行至地球與太陽中間，兩者受到地球的萬有引力方向（指向地心）相同。故答案是（C）。
2. 依宇宙組織關係由大到小排序，甲、乙、丙應依序為星系（銀河系）、恆星（太陽）、行星。故答案是（B）。
3. 由夏至圖可知，當太陽直射北回歸線時，燈塔在正午時影子偏北，故此時太陽直射燈塔的南方；若以冬至圖判斷，當太陽直射南回歸線時，陽光對燈塔照射角度更為斜射，此時影子偏北且長度更長。可知此地緯度在北緯23.5度以北。故答案是（B）。

4 甲、乙、丙、丁分別位在地球上經度相同、緯度不同的四地，如附圖所示。在不考慮天氣因素下，下列關於各地在不同季節時受日照的時間長短比較，何者正確？

(A) 若北半球爲夏季，則丙地日照時間較乙地長
(B) 若北半球爲冬季，則甲地日照時間較丁地長
(C) 若南半球爲夏季，則丁地日照時間較丙地長
(D) 若南半球爲冬季，則乙地日照時間較甲地長

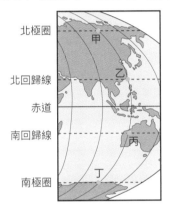

5 附圖（一）爲太陽光、月球與地球三者的相對位置關係示意圖，附圖中標示地球北極以及其自轉方向，X點爲月球上的參考點。附圖（二）爲當時地球上觀察者可見的月相。若以白色部分表示月球實際受到太陽光照射的範圍，灰色部分表示月球實際未受到太陽光照射的範圍，則下列何者最能表示附圖（一）當時月球實際受到太陽光照射的情形？

(A) —X
(B) —X
(C) —X
(D) —X

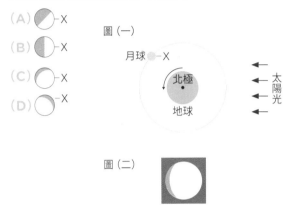

6 附圖是生物進行某種生理作用的示意圖，圖中箭頭代表能量或物質在葉片中的進出，此生理作用最可能是下列何者？

(A) 呼吸作用　(B) 蒸散作用
(C) 光合作用　(D) 觸發運動

解析

4. 若太陽直射某半球，則該半球緯度愈高時，日照時間愈長，選項中僅有(C)符合。
5. 月球有半面受到太陽照射，就太陽與月球相對位置來看，受光面應以X點爲中心。故答案是(B)。
6. 光合作用是將空氣中的二氧化碳轉換成氧氣。故答案是(C)。

7 已知某種具有葉綠體的原生生物會分解養分產生能量，推測該生物能否進行光合作用或呼吸作用，下列敘述何者正確？

(A) 僅可進行光合作用
(B) 僅可進行呼吸作用
(C) 此兩種作用皆可進行
(D) 此兩種作用皆無法進行

8 附圖是太陽系內部分星體的軌道示意圖（未按實際比例繪製），虛線代表各自的公轉軌道。因公轉軌道不同的緣故，使得各星體間的距離，會隨著時間有遠近的變化，則下列哪一配對裡的兩星體相距最遠時的距離會最長？

(A) 金星與地球
(B) 水星與地球
(C) 太陽與月球
(D) 地球與月球

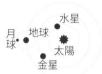

9 關於月球受陽光照射的情形，若以白色表示受光，黑色表示未受光。下列地球與月球相對關係示意圖中，何者較能表示在地球上看見新月一直到滿月的過程中，月球受陽光照射的情形？

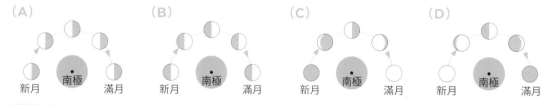

10 月食現象主要是指下列何種狀況？

(A) 地球遮住月球所反射出的光
(B) 太陽遮住月球所反射出的光
(C) 月球遮住太陽射向地球的光
(D) 地球遮住太陽射向月球的光

11 「地球到太陽的平均距離」為1天文單位。下列敘述中的距離，何者大於1天文單位？

(A) 太陽與月球間的最長距離
(B) 地球與月球間的最長距離
(C) 太陽與金星間的最短距離
(D) 地球與金星間的最短距離

解析

7. 有葉綠體的生物可行光合作用，呼吸作用為所有生物皆會進行。故答案是（C）。
8. 當地球、太陽、金星呈一直線時，距離最大。故答案是（A）。
9. 月球永遠有一半受陽光照射，且滿月時照到陽光的那一面對著地球。故答案是（A）。
10. 月食是地球在日、月之間，且月球運行到地球的陰影區造成的現象。故答案是（D）。
11. 天文單位是指地球到太陽的平均距離，類地行星離太陽由近而遠依序為，水星、金星、地球與火星，故（C）、（D）必小於1天文單位。月球繞地球公轉，當太陽與月球間是最長距離時，則為滿月，此時距離大於1天文單位。故答案是（A）。

12 某次出遊時，小明朝自己頭頂附近的天空拍攝得到甲照片，在30天內的某日舊地重遊，於同一地點朝自己頭頂附近的天空拍攝得到乙照片，兩張照片如附圖（一）所示，其中白色部分是當時小明看到的月相。附圖（二）是月球、地球與太陽光相對關係示意圖，黑點代表地球北極，參考圖（二）並根據月相與拍攝方位判斷，下列有關兩照片拍攝時間間隔的推論，何者較合理？

(A) 相隔約7天
(B) 相隔約14天
(C) 相隔約21天
(D) 相隔約30天

圖（一）

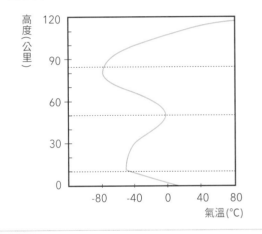

圖（二）

13 附圖是地球大氣溫度隨高度變化圖，若在圖中某高度時，氣溫為40℃，氣壓為X百帕；在高度60公里處時，氣溫為T，氣壓為Y百帕。下列有關X與Y以及T與40℃的比較關係何者正確？

(A) X＞Y，T＞40℃
(B) X＞Y，T＜40℃
(C) X＜Y，T＞40℃
(D) X＜Y，T＜40℃

14 在一般標準大氣狀況下，關於對流層常見特性的敘述，下列何者正確？

(A) 頂端臭氧含量最高，又名臭氧層
(B) 依溫度變化可以細分為四個分層
(C) 氣溫與氣壓皆隨高度升高而降低
(D) 此層的大氣僅有垂直向上的運動

解析

12. 圖甲為東半邊亮，可知為下弦月；乙為滿月。即相隔約21天。故答案是（C）。

13. 由圖可知，40℃應位於增溫層，高度約在90～120公里區間，另一高度60公里則為中氣層，將此兩點標在曲線上即可得知T＜40℃，且大氣氣壓會隨高度增加而降低，因此可知氣壓X＜Y。故答案是（D）。

14. （A）臭氧層屬於平流層範圍；（B）對流層並無再細分四層；（D）對流層大氣不只有上升與下沉流動，也有水平方向的流動。故答案是（C）。

輸導組織・心血管循環系統

一眨眼的時間，氣泡返回地球，大家回到了餐桌旁。

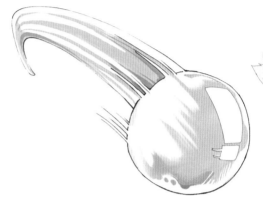

太陽系快閃之旅結束，因為我的魔法能量施展得差不多啦！
我們還是回地球繼續準備煮火鍋吧！

備料工作差不多完成了，小晴把食材分盤，阿明擦桌子，小精靈們滿心期待開始煮火鍋！

植物體內的物質運輸

- 氧氣
- 二氧化碳
- 水
- 葡萄糖

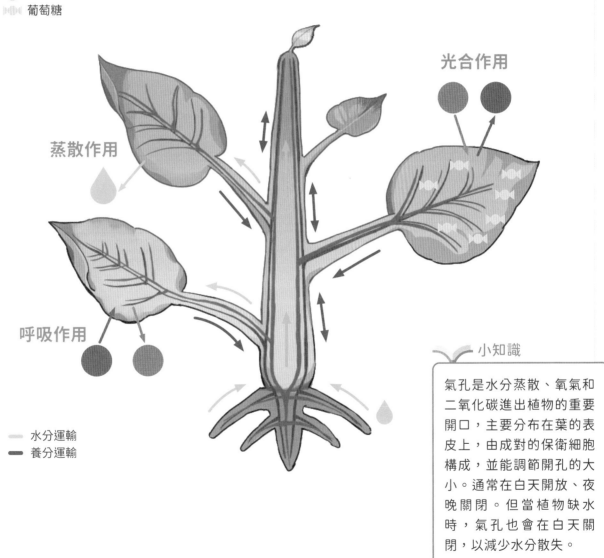

光合作用

蒸散作用

呼吸作用

水分運輸
養分運輸

小知識

氣孔是水分蒸散、氧氣和二氧化碳進出植物的重要開口，主要分布在葉的表皮上，由成對的保衛細胞構成，並能調節開孔的大小。通常在白天開放、夜晚關閉。但當植物缺水時，氣孔也會在白天關閉，以減少水分散失。

剛剛在我們從地球到宇宙的過程中，大家應該都體驗到「運輸」這件事是很重要的，生物體內，也是一樣的道理。

生物體內有著綿密的傳輸管道，植物有輸導組織、維管束，可協助水分和養分的輸送，維持生理機能；人類則有心血管循環系統來維持器官的運作。

小知識

心臟就像是人體的幫浦，照顧好自己的心血管系統對健康有很大幫助！所以要常常運動，提升自己的心肺功能。

上大靜脈

心臟

下大靜脈

動脈

像卜帕我活了上千年，健檢單上都還沒有任何紅字，就是靠規律且持之以恆的運動習慣！呵呵！

人體的心血管系統

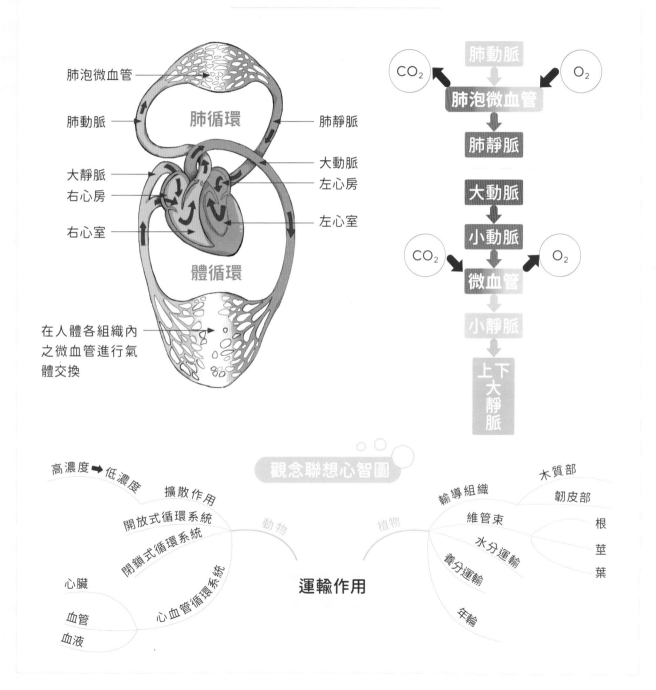

肺泡微血管

肺動脈 — 肺循環 — 肺靜脈

大靜脈 — — 大動脈
右心房 — — 左心房

右心室 — — 左心室

體循環

在人體各組織內
之微血管進行氣
體交換

CO_2 ← 肺動脈 → O_2

肺泡微血管

肺靜脈

大動脈

小動脈

CO_2 → 微血管 → O_2

小靜脈

上下大靜脈

觀念聯想心智圖

高濃度 ➡ 低濃度 　擴散作用

開放式循環系統

閉鎖式循環系統

動物　　　植物

輸導組織　　木質部
　　　　　　韌皮部

維管束　　　根

水分運輸　　莖

心臟

血管

血液　　　心血管循環系統

養分運輸　　葉

年輪

運輸作用

課綱精華 ● 故事裡的知識延伸

輸導組織

維管束是大多數植物用來運輸物質的構造，包含木質部和韌皮部。

木質部負責運輸水分和礦物質，植物根部吸水後，透過葉片的蒸散作用將水分由下往上帶動，送到植物體各部位細胞，整個植物水分運輸的動力是**不需消耗能量**的，是由**下往上單向運輸**。

韌皮部負責運輸養分，植物的葉片利用光合作用製造生存所需的養分，透過主動運輸，將養分由上而下運送到植物體各部位細胞，而多餘的養分則會轉化儲存在植物根部，待植物體缺乏養分時，再透過主動運輸將根部儲存的養分由下往上運送給植物體利用，植物體養分的主動運輸是**需要消耗能量**的，而且**可以雙向運輸**。

雙子葉植物的維管束內含**形成層**，可向內增生木質部細胞，向外增生韌皮部細胞，使莖不斷加粗，我們日常生活中常見的木材，主要就是由木質部細胞所組成。

雙子葉植物的木質部細胞，生長速度因季節的變化而有差異，而形成深淺交錯的同心圓環紋，每一圈代表一年的樹齡，這個構造就是**年輪**。

1. 春夏時期，氣候溫暖，雨量較充足，木質部細胞生長速度較快，細胞較大，顏色較淺。
2. 秋冬時期，氣候寒冷，雨量較不足，木質部細胞生長速度較慢，細胞較小，顏色較深。

動物的循環系統

動物體內負責運送物質的循環系統分為兩大類，一為**開放式循環系統**，血液在組織細胞間流動，直接進行氣體與物質的交換，流動速率較慢，適合體型較小的動物；另一為**閉鎖式循環系統**，血液在封閉的血管系統內流動，藉由**微血管**進行氣體與物質的交換，流動速率較快，大型動物多為閉鎖式循環系統。

人類的心血管循環系統

由心臟、血液、血管組成，可分為**體循環**和**肺循環**，體循環是將充氧血送到全身，進行氣體交換的過程，肺循環則是將缺氧血送到肺部，進行氣體交換的過程。

人類心臟分為四個腔室：二心房二心室，心房的肌肉壁較薄，位於心室上方，當心房肌肉收縮時，會將血液由心房擠壓入心室；心室的肌肉壁較厚，當心室肌肉收縮時，會將血液由心室擠壓入動脈，把血液帶離心臟。

心房和心室之間，以及心室和動脈之間都具有瓣膜，瓣膜的功能主要是防止血液逆流以維持血液的流向。

人體血管分為三種：

動脈，是把血液**帶離**心臟的血管。管徑較小，管壁肌肉有彈性，血液流速快，血壓較高。大部分動脈負責運送充氧血，不過**肺動脈**則是運送缺氧血。測量脈搏是以按

壓動脈來測量。

靜脈，是把血液**帶回**心臟的血管。管徑較大，有瓣膜，管壁肌肉較沒有彈性，血液流速較慢，血壓較低。大部分靜脈負責運送缺氧血，不過**肺靜脈**則是運送充氧血。輸血和捐血是針對靜脈的侵入性醫療行為。

微血管，是物質交換的場所。管徑最小，僅可容大約一個細胞通過，血液流速最慢，透過緩慢的血流讓氣體與物質在微血管與組織細胞間進行交換，微血管也是充氧血與缺氧血進行交換的場所。

血液循環路徑

充氧血在**左心房**→左心房收縮→**左心室**→左心室收縮→**大動脈**→**小動脈**→**微血管**，進行氣體交換，此時充氧血變為**缺氧血**→小靜脈→上下**大靜脈**→**右心房**→右心房收縮→**右心室**→右心室收縮→**肺動脈**→肺泡微血管，進行氣體交換，此時缺氧血變為**充氧血**

→肺靜脈→左心房→左心房收縮……

人體血液成分主要分為：血漿和血球。
血漿為淡黃色，含有水分、養分、抗體、激素等等，負責運送血球細胞與代謝廢物。

血球細胞分為三種：
白血球，體積最大，多為圓球狀，有核，主要功能為防禦，有些白血球可吞食病原體，有些可製造抗體。當白血球異常增生時，則可能攻擊自身細胞，造成白血病（血癌）。
紅血球，體積次大，雙凹圓盤狀，無核，主要功能為攜帶氧氣，內含血紅素，當血紅素不足，易造成貧血。
血小板，體積最小，不規則形狀，無核，主要功能為凝血，當血小板功能異常時，則血液不易凝固，造成血友病。

淋巴系統

淋巴系統是循環系統的一部分，主要由淋巴、淋巴管、淋巴結、淋巴組織、淋巴器官等所組成，能夠回收滲透至組織細胞的組織液來調控體內環境的平衡，也能將組織液送至淋巴組織或淋巴器官過濾，可依外來抗原製造出相對應的抗體，或直接攻擊外來抗原，所以淋巴循環系統也是體內免疫系統重要的一環。

淋巴又稱為淋巴液，成分與血漿、組織液相近，為澄清無色的液體。部分血漿從微血管滲入周遭的組織，也就是細胞與細胞間的空隙，而形成組織液；多餘的組織液則會滲入淋巴管管壁，形成淋巴液。淋巴液經由淋巴管匯集起來，最後回收到血液裡。

淋巴管遍布全身，為輸送淋巴的管道，一端封閉，另一端與小靜脈連接，有瓣膜可防止淋巴逆流。

淋巴結可過濾淋巴液，活化淋巴球，製造抗體，參與免疫反應，主要分布在頸部、腋下、腹股溝等處。

趣味問答

精靈王的健檢報告顯示，血管年齡僅2000年，非常健康。從他的心血管透視圖，可知為二心房二心室構造，請問下列何者和精靈王有相似的循環系統？

（提示：哺乳類、鳥類為二心房二心室；魚類為一心房一心室；兩生類為二心房一心室）

A.金魚　B.金線蛙　C.金針花　D.金針菇小精靈

（答案在下一頁）

1　附圖爲竹子與其鄰近竹筍的生長示意圖，圖中箭頭表示物質X由竹子到竹筍的運輸方向。已知物質X來自光合作用，則有關物質X及其由何種構造運輸的敘述，下列何者最合理？

(A) 物質X爲醣類，由韌皮部運輸
(B) 物質X爲醣類，由木質部運輸
(C) 物質X爲水分，由韌皮部運輸
(D) 物質X爲水分，由木質部運

土壤

2　附圖爲人體注射藥劑的部位示意圖，關於藥劑從甲部位或乙部位注入人體的靜脈後，經由血液循環最先進入心臟腔室的敘述，下列何者最合理？

(A) 甲、乙部位的藥劑皆先進入右心房
(B) 甲、乙部位的藥劑皆先進入左心房
(C) 甲部位的藥劑先進入右心房，乙部位的藥劑先進入左心房
(D) 甲部位的藥劑先進入左心房，乙部位的藥劑先進入右心房

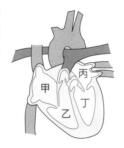

右　　左

乙→　　←甲

3　附圖是人體心臟及其所連接的血管之示意圖，甲、乙爲心臟右邊的腔室，丙、丁爲心臟左邊的腔室。腦細胞的代謝廢物進入血液循環後，會最先到達圖中的哪一腔室？

(A) 甲　(B) 乙
(C) 丙　(D) 丁

丙
甲
乙　丁

4　附圖爲某種植物莖部橫切面的構造示意圖。已知「介殼蟲」是以此種植物韌皮部中的汁液爲食，若想分析介殼蟲所吸取的成分，則應選擇圖中的哪一部位進行研究最合適？

(A) 甲　(B) 乙
(C) 丙　(D) 丁

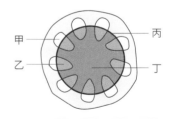

甲　　　　　丙
乙　　　　　丁

解析

1 箭頭的運輸方向是由上往下，為養分的運輸方向，水分的運輸只能由下往上，因此物質X為醣類，由韌皮部運輸。故答案是（A）。
2. 甲、乙部位所注射的藥劑皆會先經由手臂的靜脈至大靜脈，然後進入右心房。故答案是（A）。
3. 大腦的代謝廢物會經由體循環回到大靜脈，最後進入右心房（甲）。故答案是（A）。
4. 韌皮部是運送養分的維管束，為圖中的甲，乙是木質部，丙是形成層，丁是木材。故答案是（A）。

 上一頁答案：D.金針菇小精靈，因爲他們同屬精靈族。

5 附圖為維管束植物體內物質流向的示意圖，甲為維管束內運輸物質的管道，乙為此種管道內主要的運送物質，箭頭表示乙物質在不同時間點於管道內可能的流動方向。下列有關甲和乙的敘述，何者最合理？

(A) 甲位在木質部，乙為醣類
(B) 甲位在韌皮部，乙為醣類
(C) 甲位在木質部，乙為礦物質
(D) 甲位在韌皮部，乙為礦物質

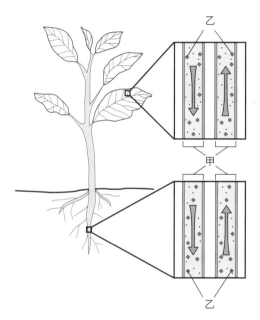

6 附圖（一）為植物體內物質運輸示意圖，圖（二）為葉片氣孔狀態示意圖。白天植物進行旺盛的蒸散作用時，有關體內水分運輸方向（甲或乙）及葉片氣孔狀態（丙或丁），下列組合何者正確？

(A) 甲，丙　　(B) 甲，丁
(C) 乙，丙　　(D) 乙，丁

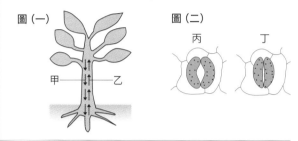

7 研究員利用工具鑽取榕樹樹幹的維管束組織，從樹皮表面上的X點垂直鑽入樹幹中心後，將取出的組織依其主要功能分別標示為甲、乙、丙，如附表所示。依表中的主要功能判斷，比較此三者與X點間的距離，下列何者最合理？

(A) 甲＜丙＜乙
(B) 甲＜乙＜丙
(C) 乙＜丙＜甲
(D) 乙＜甲＜丙

取出的組織	主要功能
甲	運輸養分
乙	運輸水分
丙	細胞分裂

解析

5. 如圖所示，此物質可以由下往上運輸，亦可由上往下運輸，可判斷出該物質是養分（如醣類），運輸部位是韌皮部。故答案是（B）。

6. 水分的運輸方向只能由下往上，且蒸散作用進行時，氣孔需打開，依圖（一）、（二）判斷為乙、丙。故答案是（C）。

7. 甲為運送養分的韌皮部，在最外層，離X最近，距離最短；丙為形成層，位在中間；乙為運送水分的木質部，在最內層，離X最遠。故答案是（A）。

8 某雙子葉木本植物的莖具有樹皮及木材等構造，如附圖所示。下列何者為圖中標示＊處的主要功能？

(A) 運輸養分
(B) 運輸水分
(C) 細胞分裂
(D) 光合作用

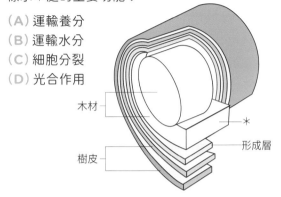

木材

＊

形成層

樹皮

9 已知血液離開心臟後，直接進入甲血管，然後流經乙血管，再由丙血管流回心臟，各血管內血液中 O_2 的含量如圖所示。若乙血管是物質交換的場所，則甲、丙對應的血管名稱，下列何者正確？

(A) 甲是肺動脈
(B) 甲是肺靜脈
(C) 丙是主動脈
(D) 丙是大靜脈

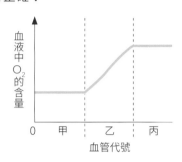

血液中 O_2 的含量

0　甲　　乙　　丙
血管代號

10 附圖為人體內甲、乙兩種器官各自的動脈及靜脈血液中氧氣含量之示意圖。根據此圖推測，紅血球從獲得氧氣到釋出氧氣的運輸過程中，有關血液流經甲、乙及心臟的途徑，下列何者最合理？

(A) 甲→心臟→乙
(B) 甲→乙→心臟
(C) 乙→心臟→甲
(D) 乙→甲→心臟

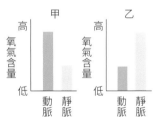

甲　　　乙
氧氣含量　高　低
動脈　靜脈　動脈　靜脈

11 附圖為人體血液循環和淋巴循環的部分示意圖，甲、乙和丙為不同的管道名稱，圖中 ⟶ 代表液體的流動方向，---➤ 代表物質由微血管滲出。根據此圖判斷，甲、乙和丙內有無紅血球的敘述，何者最合理？

(A) 僅甲、乙有
(B) 僅甲、丙有
(C) 甲、乙、丙皆有
(D) 甲、乙、丙皆沒有

微血管　　甲　　乙　　丙　　心臟

解析

8. ＊指的是木材，屬於木質部，用來運輸水分。故答案是（B）。

9. 甲是缺氧血，丙是充氧血，進行交換氧氣回到心臟的是肺循環，因此甲是肺動脈，丙是肺靜脈。故答案是（A）。

10. 甲動脈的氧氣濃度高，屬於體循環的動脈，而乙靜脈的氧氣濃度高，屬於肺循環的肺靜脈，紅血球是從肺循環乙獲得氧氣，回到心臟後，再經體循環甲送至全身細胞釋放。故答案是（C）。

11. 甲為靜脈；乙為淋巴管，為血漿由微血管滲出流入組織間；丙則為動脈，因此具有紅血球的管道為甲、丙。故答案是（B）。

12 附圖是人體血液循環所流經的部分構造示意圖，圖中的乙為心臟，丁為肝臟。根據附圖，若只考慮甲、乙、丙、丁四構造，將血液從丁流到丙所經過的構造都依序列出，則下列何者正確？

(A) 丁→乙→丙
(B) 丁→甲→丙
(C) 丁→乙→甲 →乙→丙
(D) 丁→甲→乙 →甲→丙

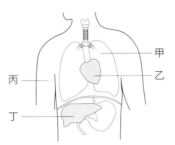

甲
乙
丙
丁

13 附圖（一）是人體部分呼吸系統的示意圖，附圖（二）是圖（一）中乙處的放大示意圖，箭頭表示氣體交換的方向。已知丁是血液中具有血紅素的血球，則下列相關敍述，何者正確？

(A) 丁是血小板
(B) 戊的主要功能是攜帶氧氣
(C) CO_2 的擴散方向主要是由戊到丙
(D) 呼氣時氣體主要由甲進入乙後再由丁運送

圖（一） 圖（二）

甲
丙
戊
丁
乙

14 附圖為人體心臟、肝臟和腎臟之間血液循環的示意圖，箭頭代表血液流動的方向，甲、乙、丙及丁分別代表不同的血管。根據此圖的血液流動方向，分別比較甲和乙、丙和丁血液中的尿素濃度，下列何者最合理？

(A) 甲＜乙，丙＜丁
(B) 甲＜乙，丙＞丁
(C) 甲＞乙，丙＜丁
(D) 甲＞乙，丙＞丁

心臟

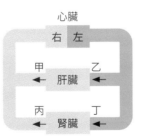

右 左
甲 乙
肝臟
丙 丁
腎臟

15 阿碩要把他家庭院中的樹木移植到別處，他寫下移植樹木時的建議及列出此建議的主要原因，如附表所示，其中下列哪一要點的建議與其主要原因不相符合？

(A) 甲 (B) 乙 (C) 丙 (D) 丁

要點	建議	主要原因
甲	夜晚時進行移植比白天好	減少蒸散作用
乙	剪除部分的枝葉	幫助莖內的水上升至葉
丙	黏在根上的土不要移除	避免傷害根部構造
丁	移植後不要立即施撒高濃度的肥料	避免根部的水分流失

解析

12. 肝臟丁的血液需先經過體循環回到心臟乙，進入肺循環到肺臟甲，交換成充氧血後回到心臟乙，再由體循環送至上手臂丙，順序為丁→乙→甲→乙→丙。故答案是（C）。

13. （A）丁是紅血球；（B）丁主要功能是攜帶氧氣；（D）呼氣的氣體由乙至甲呼出體外。故答案是（C）。

14. 細胞行呼吸作用時，分解蛋白質所產生的廢物是氨，會經由血液帶至肝臟形成尿素，所以甲＞乙；再經由血液帶至腎臟過濾掉形成尿液排出，所以丁（過濾前）＞丙（過濾後）。故答案是（C）。

15. 剪除部分枝葉，植物會因氣孔減少而降低蒸散作用，減少莖內的水分上升。故答案是（B）。

烹煮篇

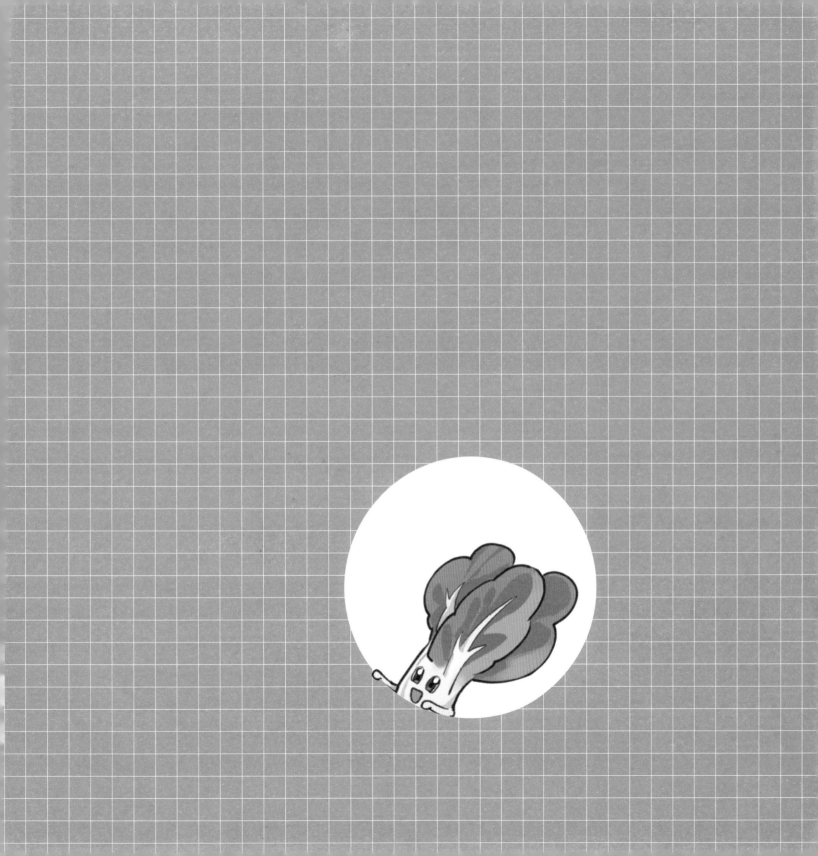

現在時鐘正指向 11 點鐘的位置，
阿明的肚子也發出咕嚕咕嚕聲。

我現在已經餓了……先來
喝點果汁墊墊肚子好了。

食材都處理完
畢，現在開始
煮水！

加冰塊比較好喝！

小知識

日常生活所見的天氣現象，
許多都跟水的三態變化有
關，例如「霧」、「露」為液
態水；「雲」包含液態水或
固態水；「霜」則為固態水。

看到你們手邊
的東西，讓我
想到水的三態
呢！趁這機會
複習一下吧！

物質的三態變化

水有固體、液體、氣體三種狀態，是因為水分子之間的距離不同，固態最緊密、液態次之，氣態最疏鬆。

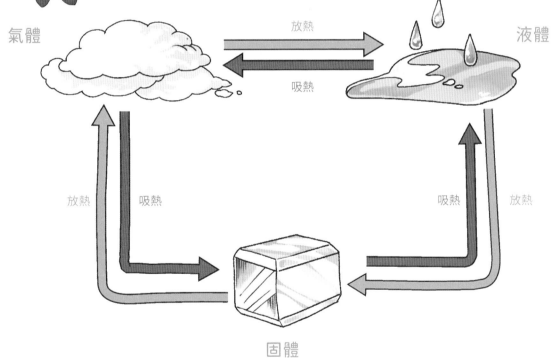

氣體

放熱

吸熱

液體

放熱　吸熱

吸熱　放熱

固體

透過吸熱和放熱，物質三態彼此間可相互轉換。

在煮火鍋的過程中，特別能體會到物理變化和化學變化唷。

一開始裝水加熱並使水達到沸騰的階段，屬於物理變化，水分子本身並沒有改變，只是從液態變成氣態。

當你們將食材一一投入滾燙的火鍋湯底裡，食材受熱會產生化學變化，烹煮後就是美味的火鍋！

小知識　透過外在的干預可使蒸發速率加快或減慢。

 我知道，拖地之後的地板用電風扇吹會比較快乾。

 有時候，下雨過後籃球場有積水，我們會用竹掃把把水漥掃開，擴大表面積後也會比較快乾耶！

 也可以加熱，提高溫度，蒸發速度會變快。出了大太陽後，水漥一下子就乾了。

加速蒸發速率的方法：增加空氣對流、擴大表面積、提升溫度。

物理變化

用刀子將檸檬切成片

只有改變物質形態

化學變化

木材燃燒後變成灰燼

產生新物質

觀念聯想心智圖

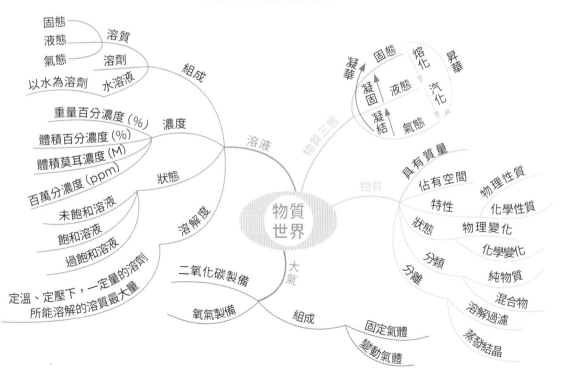

固態
液態
氣態
以水為溶劑 ── 水溶液
溶質
溶劑

組成

重量百分濃度（%）
體積百分濃度（%）
體積莫耳濃度（M）
百萬分濃度（ppm）

濃度

狀態

未飽和溶液
飽和溶液
過飽和溶液

溶解度

定溫、定壓下，一定量的溶劑
所能溶解的溶質最大量

二氧化碳製備

氧氣製備

溶液

物質三態

凝華
凝固
凝結

固態
液態
氣態

熔化
汽化
昇華

**物質
世界**

物質

大氣

組成

具有質量
佔有空間

特性

狀態

分類

分離

物理性質
化學性質
物理變化
化學變化
純物質
混合物
溶解過濾
蒸發結晶

固定氣體
變動氣體

忽然傳來一聲尖叫聲，同時夾雜著金屬器具摔到地面的聲音，大家轉頭朝聲源處察看，到底發生什麼事？

只見肉肉精靈表情略顯痛苦，一直甩動他的手指頭。

我剛想掀開鍋蓋看看鍋裡的水滾了沒？結果被燙到了！

喔！那你是不是立刻把手縮回來，幾乎想都沒想。

對耶！我剛剛超神的，瞬間把手縮回來，那手速用來玩手遊，肯定不得了。

這是神經傳導中的反射動作喔，可以保護我們避免受到重大傷害。

脊髓反射傳導路徑

神經系統

燭火的刺激 手部收回的反應

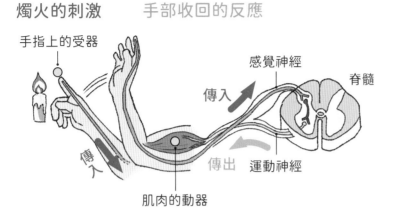

手指上的受器

感覺神經

脊髓

傳入

傳入

傳出

運動神經

肌肉的動器

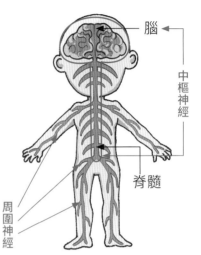

腦

中樞神經

脊髓

周圍神經

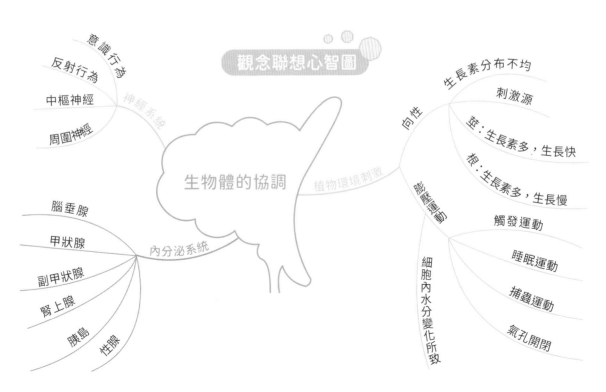

觀念聯想心智圖

意識行為
反射行為
中樞神經
周圍神經
神經系統

生物體的協調

內分泌系統

腦垂腺
甲狀腺
副甲狀腺
腎上腺
胰島 性腺

植物環境刺激

向性
生長素分布不均
刺激源
莖：生長素多，生長快
根：生長素多，生長慢

膨壓運動
觸發運動
睡眠運動
捕蟲運動
氣孔開閉

細胞內水分變化所致

後來，肉肉精靈戴上隔熱手套，小心翼翼的掀起鍋蓋，而鍋子內不斷有氣泡由下往上冒。

喔！滾了滾了，有好多泡泡！

這是吸熱反應，當冰塊融化成水，或水煮沸汽化成水蒸氣，過程中必須吸收許多熱量。

反過來，當水蒸氣凝結成水或水凝固成冰，則必須釋放出許多熱量，稱為放熱反應。

水的汽化有兩種方式，一種是我們現在看到的「沸騰」，當水的溫度達到沸點時便開始沸騰，產生劇烈的氣泡；而另一種是「蒸發」，是比較和緩的，在任何溫度下皆可發生喔。

硫酸銅的吸熱和放熱反應

水蒸氣蒸發

含水硫酸銅（藍色）＋熱量　　吸熱 →　無水硫酸銅（白色）＋水蒸氣
　　　　　　　　　　　　　　← 放熱

氯化亞鈷的吸熱和放熱反應

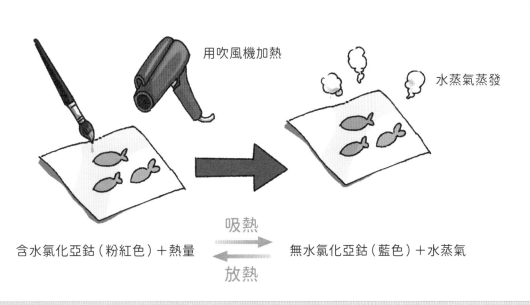

用吹風機加熱

水蒸氣蒸發

含水氯化亞鈷（粉紅色）＋熱量　　吸熱 →　無水氯化亞鈷（藍色）＋水蒸氣
　　　　　　　　　　　　　　　　← 放熱

課綱精華 ● 故事裡的知識延伸

物質的變化

物質的三態

自然界的物質都具有質量、佔有空間、各具特性（物理性質和化學性質）。

物質在自然界中主要存在的狀態有三種：

固態：有一定的體積和形狀，分子間引力較強。

液態：有一定的體積，但沒有一定的形狀，分子間引力適中。

氣態：沒有一定的體積和形狀，分子間引力極小，可自由移動。

物理變化與化學變化

物理變化：反應前後，本質不變。例如物質的三態變化、把玻璃打成碎片、蠟燭熔化。

化學變化：反應後本質改變，甚至產生新物質。例如燃燒、爆炸、顏色改變等。

神經系統

神經細胞（也稱為神經元）為不規則形，外觀有許多突起，主要構造包含：

細胞本體，具有細胞核，是維持生長與代謝的主要部位，負責整合傳入的訊息，及向外發出訊息。

神經纖維，細長狀，能連接不同的神經細胞，負責傳遞訊息。

中樞神經系統和周圍神經系統

中樞神經系統包含腦和脊髓

腦可分為三部分：

1. **大腦**為意識中樞，分為左右兩半球，左半球控制右半身，右半球控制左半身。

2. **小腦**為平衡中樞，分為左右兩半球，與肌肉協調、動作平衡有關。

3. **腦幹**為生命中樞，腦幹受損可能會危及生命。

脊髓則是連接大腦與周圍神經，可接受來自

感覺神經的訊息,也傳遞訊息給運動神經。

周圍神經系統可分為腦神經和脊神經:
腦神經共12對,負責頸部以上的訊息接收和傳遞。
脊神經共31對,負責頸部以下的訊息接受和傳遞。

神經傳遞的基本路徑:
刺激→感覺神經元接收訊息→中樞神經→運動神經元傳遞訊息→動器→做出反應。

反射行為的神經傳導途徑(反射為**不經過大腦**的反應,反應速度快,可爭取時效,避免身體遭受重大傷害):
刺激→感覺神經元接收訊息→脊髓→運動神經元傳遞訊息→動器→做出反應。

頸部以上的反射中樞:腦幹
頸部以下的反射中樞:脊髓

熱量

人體攝取食物並轉化成熱量,用來維持人體基本代謝,部分多餘的能量則會轉化為肝糖,儲存在肝臟或肌肉中,幫助短時間內肌肉收縮和維持血糖的恆定性。其餘多出的熱量則轉化為脂肪,儲存在皮下或內臟組織。

熱量的單位:**卡路里**,簡稱卡,1000卡=1仟卡。
熱量由高溫處向低溫處傳播,最後達到熱平衡的溫度,而該熱量轉化的過程即稱為「熱交換」或「熱的傳播」。

比熱:定溫下,每1克物質溫度升降1°C所需吸收或釋放的熱量。
比熱越小者,溫度容易升降變化;比熱越大者,溫度不易升降變化。

熱量公式:熱量(H)＝質量(M)・比熱(S)・溫差(△T)

溫差（$\triangle T$）＝末溫－初溫

根據公式，當熱量、比熱相同時，則質量與溫差成反比；質量愈大溫差愈小。
其他不同的情況，可以此類推。

吸熱與放熱反應

吸熱反應：物質吸收熱量時，可使周圍溫度下降，大多可使物質本身溫度上升，但在潛熱現象時溫度則保持不變。

放熱反應：物質釋放熱量時，可使周圍溫度上升，大多可使物質本身溫度下降，但在潛熱現象時溫度則保持不變。

潛熱現象：當物質狀態正進行轉換的過程中，不管是持續吸熱或持續放熱，溫度都保持不變，待物質狀態完全轉換成功後，溫度才會變化。
因此潛熱現象發生在物質的臨界溫度（熔點或沸點）上。

以水來舉例，
熔化熱＝80卡／克，表示1克0°C的冰要完全熔化成1克0°C的水，需要吸收80卡的熱量；
凝固熱＝-80卡／克，表示1克0°C的水要完全凝固成1克0°C的冰，需要釋放80卡的熱量；
汽化熱＝540卡／克，表示1克100°C的水要完全汽化成1克100°C的水蒸氣，需要吸收540卡的熱量；
凝結熱＝-540卡／克，表示1克100°C的水蒸氣要完全凝結成1克100°C的水，需要釋放540卡的熱量。

溫度

溫度計
利用某些物質在溫度變化時，體積發生均勻的膨脹或收縮的特性，來判斷升溫或降溫的量值。製作溫度計材料的靈敏度比較：氣體＞液體＞固體。

常見的溫標

攝氏溫標（℃）、華氏溫標（℉）、克氏溫標（K）。

	攝氏	華氏	克氏
純水的沸點	100℃	212℉	373 K
純水的熔點	0℃	32℉	273 K
換算	$\dfrac{C-0}{100-0}$	$\dfrac{F-32}{212-32}$	$\dfrac{K-237}{373-273}$

自我挑戰

1 「在常溫常壓下，①番茄紅素為紅色固體，是番茄、木瓜等蔬果中富含的色素，②為天然的抗氧化劑……」，上述畫底線所提到番茄紅素的性質，屬於下列何者？

(A) 均為物理性質
(B) 均為化學性質
(C) ①為物理性質、②為化學性質
(D) ①為化學性質、②為物理性質

2 有甲、乙、丙三杯水，將三杯水混合，當混合後的水達熱平衡時，水溫為50℃。若混合過程中，水與外界無熱量的吸收與散失，則下列四組何者最有可能是甲、乙、丙三杯水混合前的溫度？

(A) 0℃、50℃、50℃
(B) 20℃、90℃、95℃
(C) 10℃、15℃、25℃
(D) 50℃、60℃、70℃

3 瑋婷觀察爸爸在家中利用茶壺煮水時，茶壺內水量的多少似乎會影響水煮沸所需的時間，她假設當茶壺內水量愈多，將水煮沸所需的時間也愈多。若要驗證她的假設是否合理，下列哪一種實驗設計可直接用來驗證她的假設？

(A) 在完全相同的茶壺中，分別裝入不同水量，以同一個瓦斯爐的相同火力加熱，測量水從室溫加熱到沸騰所需時間
(B) 使用不同大小的茶壺，分別裝入等量的水，以同一個瓦斯爐的相同火力加熱，測量水從室溫加熱到沸騰所需時間
(C) 在完全相同的茶壺中，分別裝入不同水量，以同一個瓦斯爐的相同火力加熱，將水加熱5分鐘，測量瓦斯桶減輕的重量
(D) 在完全相同的茶壺中，分別裝入等量的水，以同一個瓦斯爐的大、中、小不同的火力加熱，測量水從室溫加熱到沸騰所需時間

解析

1. ①顏色屬物理性質；②氧化作用與化學變化有關，屬於化學性質。故答案是(C)。
2. 若平衡溫度為50℃，則混合前的溫度有的要低於50℃，有的高於50℃。故(B)最有可能。
3. 若要得知水量與煮沸所需時間的關係，則操縱變因必為水量多寡，測量達沸騰所需時間，其餘變因要控制不變。只有(A)符合要求。

4 某種可重複使用的熱敷袋,其內含有醋酸鈉水溶液和金屬片,使用方法的示意圖如附圖所示。

(A) 步驟 2 為吸熱的變化,溫度升高溶解度會增加

(B) 步驟 2 為吸熱的變化,溫度升高溶解度會減少

(C) 步驟 2 為放熱的變化,溫度升高溶解度會增加

(D) 步驟 2 為放熱的變化,溫度升高溶解度會減少

金屬片
澄清的醋酸鈉水溶液
1. 按壓金屬片
2. 放入水內加熱
醋酸鈉結晶析出

使用步驟:

1. 使用前按壓金屬片,引發醋酸鈉結晶析出並產生熱,用來熱敷。

2. 熱敷後,將已冷卻且因析出結晶而變硬的熱敷袋,放入水內加熱,即可回復原來的澄清狀態。可依此步驟重複再使用。關於上述步驟 2 發生的變化,以及醋酸鈉的溶解度說明,下列何者正確?

5 小湘在街上看到久違的好朋友,興奮的立即揮手打招呼。下列與上述過程相關的神經系統運作之敘述,何者正確?

(A) 立即揮手是屬於反射作用

(B) 此過程的受器是在手部肌肉

(C) 興奮的感覺是由感覺神經產生

(D) 揮手的命令是由運動神經傳遞

---

6 在一大氣壓下,甲、乙、丙、丁四組實驗中的容器內分別裝有一支溫度計及冰或水,當四組實驗分別達熱平衡時,如附圖所示。已知此時其中一支溫度計的溫度顯示為 4°C,則此溫度計應屬於哪一組實驗?

(A) 甲　(B) 乙　(C) 丙　(D) 丁

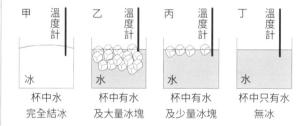

甲 溫度計	乙 溫度計	丙 溫度計	丁 溫度計
冰	水	水	水
杯中水完全結冰	杯中有水及大量冰塊	杯中有水及少量冰塊	杯中只有水無冰

解析

4. 步驟 1 中,「按壓金屬片,引發醋酸鈉結晶析出並產生熱」表示醋酸鈉結晶析出時為放熱反應,此時熱敷袋的溫度升高;步驟 2.「將已冷卻的熱敷袋,放入水內加熱,即可回復」,加熱醋酸鈉溶液為吸熱反應,此時熱敷袋溫度上升,且析出的醋酸鈉結晶減少,代表溶解度增加。故答案是(A)。

5. (A) 立即揮手是屬於意識動作;(B) 此過程的受器是眼睛;(C) 興奮的感覺是由大腦產生;(D) 揮手的命令是由大腦下達命令,並經由運動神經傳遞至動器(手的肌肉)。故答案是(D)。

6. 甲完全結冰,溫度可能小於或等於 0°C;乙、丙有水和冰塊,溫度等於 0°C;丁只有水,溫度可能大於或等於 0°C。可知丁最可能為 4 °C。故答案是(D)。

7 小樺在氣溫27℃及17℃時的手部皮膚溫度分別如附圖所示。附表是四種不同品牌零食開始熔化的溫度。正常體溫的情況下，若小樺希望「在27℃及17℃兩種氣溫下，零食拿在手上都不會熔化，但放入口中卻都會熔化」，則下列哪一品牌最符合他的期待？

(A)甲　(B)乙　(C)丙　(D)丁

氣溫 27℃　　　氣溫 17℃

33℃　　　　　30℃

品牌	開始熔化的溫度
甲	27℃
乙	31℃
丙	35℃
丁	39℃

8 附圖為進行甲和乙兩組溶液混合實驗的示意圖，關於兩組實驗是吸熱反應或放熱反應的說明，下列何者正確？

(A)只有實驗甲是吸熱反應
(B)只有實驗甲是放熱反應
(C)兩組實驗均是吸熱反應
(D)兩組實驗均是放熱反應

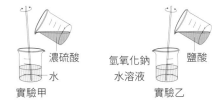

濃硫酸　水　　　氫氧化鈉水溶液　　鹽酸

實驗甲　　　　　　實驗乙

9 依據反應物、產物和熱量的關係，將反應分為以下兩類：

①：反應物→產物＋熱量（能量）
②：反應物＋熱量（能量）→產物

已知煙火爆炸會發出光和熱，下列關於「煙火爆炸」的反應分類說明，何者正確？

(A)與酸鹼中和一同歸類屬於①
(B)與酸鹼中和一同歸類屬於②
(C)與光合作用一同歸類屬於①
(D)與光合作用一同歸類屬於②

10 溫度固定為25℃的環境下，一個玻璃杯內裝有50g的純水，剛開始玻璃杯與純水的溫度皆為45℃，一段時間後，兩者皆與環境達熱平衡。若此降溫過程中，純水散失的熱量與玻璃杯散失的熱量相等，且水的蒸發忽略不計，已知純水與玻璃的比熱分別為1.0cal/g·℃與0.2cal/g·℃，則玻璃杯的質量應為多少？

(A)10g　(B)50g　(C)100g　(D)250g

解析

7. 口中溫度為體溫，約37℃，會熔化表示熔點＜37℃；在27℃、17℃時都不熔化，表示熔點大於此時手的溫度，即熔點＞33℃。故答案是（C）。

8. 甲：濃硫酸（強酸）溶於水，與乙：酸鹼中和，兩者皆為放熱反應。故答案是（D）。

9. ①熱量在產物端表示反應後有熱量產生，即為放熱反應；②熱量在反應物端表示需要吸收熱量才會發生反應，即為吸熱反應。煙火爆炸會「發出光和熱」表示為放熱反應；酸鹼中和時溶液溫度升高，為放熱反應；光合作用需要照光，為吸熱反應。故答案是（A）。

10.「純水與玻璃杯散失的熱量相等」，由 H＝MS△T 可得，50×1.0×（45－25）＝M×0.2×（45－25），M＝250，即玻璃杯的質量為250g。故答案是（D）。

11 「阿傑參加馬拉松比賽。他（甲）聽到哨聲起跑後，（乙）跌了一跤但迅速站起來再重新奔跑，沿途中（丙）不斷超越前方的對手，休息時（丁）手被意外打翻的熱水燙到立即縮回。」上述畫線處何者的反應不需由大腦所決定？

(A) 甲　(B) 乙　(C) 丙　(D) 丁

12 小媛看到令人感動的畫面而流淚。從她接受刺激到產生反應的過程中，下列相關敘述何者正確？

(A) 此反應的動器是大腦
(B) 接受刺激的構造是淚腺
(C) 此反應是由腺體發出命令
(D) 訊息的傳遞是藉由神經細胞

13 附圖為方糖投入水中的過程示意圖，其中乙到丙的過程與下列何種情形最類似？

(A) 在客廳聞到廚房飄來的飯菜味
(B) 使用吸管可吸取杯內下方的水
(C) 二氧化碳降溫加壓可製成乾冰
(D) 純金項鍊長久維持原來的色澤

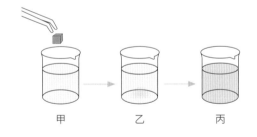

甲　　　乙　　　丙

14 在固定壓力改變溫度的實驗中，測得純物質 X 的甲、乙、丙三種不同狀態，如附圖所示。甲、乙、丙分別為物質三態中的哪一種？

(A) 甲：固態，乙：液態，丙：氣態
(B) 甲：固態，乙：氣態，丙：液態
(C) 甲：液態，乙：固態，丙：氣態
(D) 甲：液態，乙：氣態，丙：固態

X（甲狀態）─升溫→ X（乙狀態）─降溫→ X（丙狀態）
　　　　　　　　　　　　升溫

解析

11. 手被熱水燙到而立刻縮回，是脊髓控制的反射動作，其餘皆為大腦控制的意識動作。故答案是（D）。

12.（A）動器是淚腺；（B）受器是眼睛；（C）此反應是由大腦發出命令的。故答案是（D）。

13. 乙→丙是溶質分子溶解後的擴散現象，故為擴散作用，應與（A）選項的情形最類似。

14. 甲到乙要升高溫度才能達成，選項中（A）（B）（D）符合，為吸熱的過程；丙到甲需升高溫度，只有（D）選項符合。故答案是（D）。

小精靈們看著瓦斯爐上的火焰，覺得非常好奇。

為什麼這個器具能噴出火焰呢？這不是魔法吧？

爐具上的火焰是瓦斯等可燃性氣體燃燒後產生的。

市售卡式爐的瓦斯罐內氣體成分以丁烷為主。這些氣體統稱為烷類，都屬於有機化合物，由碳原子和氫原子組成，又稱為碳氫化合物。

有機化合物

烴類

醇類

有機酸類

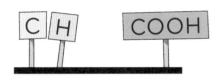

酯類

脫去水分子

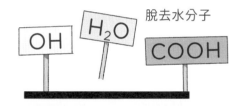

聚合物

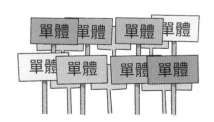

清潔劑

親油端　　　　　　親水端

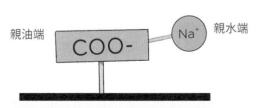

突然，香菇精靈大叫一聲！只見香菇精靈抱著自己的手指不停
沖著冷水，說話還帶著哭腔。

我剛剛正要夾肉片下鍋涮一
涮，根本沒碰到鍋具也沒有湯
汁濺起，但我卻忽然感覺好燙
好燙，不知發生什麼事？

香菇精靈，這個我知道，上課
時老師說過，這是熱輻射，不
須接觸到熱源就能感受到熱。

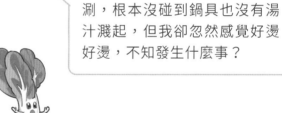

小知識

熱的傳播，由高溫傳向低
溫；空氣對流（風向），由
高氣壓吹往低氣壓；擴散現
象，由高濃度流向低濃度。

熱的傳播

對流

傳導

輻射

觀念聯想心智圖

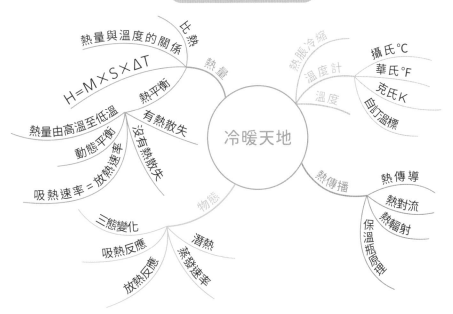

熱量與溫度的關係　比熱

H＝M×S×ΔT　熱平衡

熱量由高溫至低溫　有熱散失

動態平衡　沒有熱散失

吸熱速率＝放熱速率

三態變化

吸熱反應

放熱反應　潛熱　蒸發速率

熱量

冷暖天地

熱脹冷縮

溫度計

溫度

攝氏°C

華氏°F

克氏K

自訂溫標

物態

熱傳播　熱傳導

熱對流

熱輻射

保溫瓶原理

大家開心的煮著自己愛吃的食材。

那我來平衡一下營養，多放些蔬菜和菇類。

看我的餃子三兄弟，魚餃、蛋餃、燕餃。

看我的涮肉神功！

我發現，魚餃丟下去的時候沉到底下，但煮了一陣子，魚餃就浮上來了。

肉肉很認真觀察喔，這其實牽涉了兩個物理概念，密度和浮力。

物質的質量是定值，而大部分物質的體積對溫度的變化為熱漲冷縮，當魚餃在火鍋內烹煮後，體積變大，所以有一個物理量會跟著變小——就是「密度」。

餃子的沉浮

物體密度＞液體密度

生的餃子

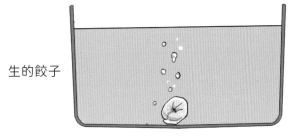

下沉的 沉體

物體密度＝液體密度

加熱中……

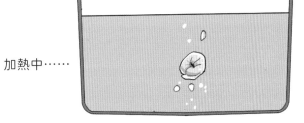

靜止在液面下各個位置的 懸浮體

物體密度＜液體密度

煮熟了！

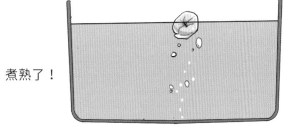

上浮的 浮體

73

大家猜猜看：假設有一個懸掛的彈簧秤測量火鍋裡魚餃的重量，本來是3克重，那浮起來後，會量出幾克重呢？

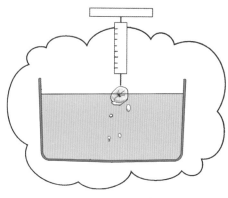

3克重，我覺得重量應該不會變。

我覺得應該會小於3克重。

我猜會不會是0呢？

大家給小晴掌聲鼓勵，答案就是0克重。

咦？這是為什麼呢？

這是浮力的關係。浮力是物體在液體中減輕的重量，當魚餃浮到液面上，表示此時魚餃所受到的浮力＝魚餃本來的重量3克重，兩相抵銷後，彈簧秤就只能量到0克重囉！

肉肉，你剛剛說「不會變的物理量」，其實應該是「質量」喔，重量是會隨地點不同而改變的，質量才是永遠不變。

觀念聯想心智圖

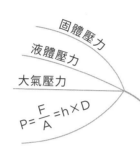

固體壓力
液體壓力
大氣壓力
$P = \dfrac{F}{A} = h \times D$

壓力（P）

形狀改變
力的三要素
力的種類
力的單位
虎克定律
合力

力

力與壓力

物體在液體中所減輕的重量
阿基米德原理
浮力判斷

浮力（B）

摩擦力

靜摩擦力
最大靜摩擦力
動摩擦力為定值
影響因素
正向作用力
接觸面性質

📖 小知識

以密度和浮力角度來思考的話，魚餃的浮沉是物理變化；但過程中的加熱令魚餃被煮熟而可供食用，這一角度為化學變化，所以整個過程中同時有物理變化也有化學變化。

課綱精華 故事裡的知識延伸

有機化合物

有機化合物必含有碳元素，但含有碳元素的化合物不一定是有機化合物。

常見的有機化合物可分為：

1. **烴類**，又可稱為碳氫化合物，由碳原子和氫原子組合而成。

   01. 鏈狀烴：原子鍵結方式為鏈狀，例如烷類、烯類、炔類。

   02. 環狀烴：原子鍵結方式為環狀，例如環烷類、環烯類。

   03. 芳香烴：分子結構中含有苯環，例如苯類、萘類、蒽類。

2. **醇類**，烷類分子中的一個氫原子被羥基（-OH）所取代，如甲醇（木精）、乙醇（俗稱酒精）。葡萄糖在無氧發酵下可產生乙醇。

3. **有機酸類**，烷類分子中的一個氫原子被羧基（-COOH）所取代，如甲酸（俗稱蟻酸），乙酸（俗稱醋酸）。

4. **酯類**，醇類與有機酸類進行酯化反應，透過濃硫酸脫水，生成具有特殊香氣的酯類。

5. **醣類**，俗稱碳水化合物，可分為單醣類（葡萄糖）、雙醣類（蔗糖）、多醣類（澱粉）等。

6. **聚合物**，由許多單體分子聚合而成，可分為天然聚合物和合成聚合物。依單體分子鍵結方式可分為：

   01. **熱塑性聚合物**，又稱為鏈狀聚合物，加熱後可重新塑形。

   02. **熱固性聚合物**，又稱為網狀聚合物，加熱後無法重新塑形。

肥皂分子具有親油端和親水端，這個特性可以去除油汙。製造肥皂的方式：利用油脂與鹼性物質共煮，這個過程稱為皂化反應；再利用飽和食鹽水進行鹽析，分離甘油，便可產生肥皂（脂肪酸鈉）。

熱量傳播

熱量傳播由高溫傳向低溫，可分為三種常見傳播方式：

熱傳導

是固體傳熱的主要方式，必須彼此接觸。例如：卡式爐和電磁爐的加熱方式，都有跟鍋具接觸，將熱量先傳至鍋具，然後再傳至鍋內的湯底。

導熱的效率以金屬為佳，目前已知導熱效果最好的金屬為銀(Ag)。因此非金屬就適合用來做為鍋具的絕緣把手，像是使用木頭把手，這樣人們在拿取滾燙的熱水時就不易被燙到。

熱對流

是流體傳熱的主要方式，流體包含液體和氣體。熱源上升，冷源下降，形成對流，來加快整體溫度平衡。例如：冷氣機大多裝在上方，透過熱對流可加速冷房效果；而暖爐大多裝在地面上，透過熱對流可加速暖房效果。

熱輻射

是固態、液態、氣態常見的傳熱方式，不須彼此接觸就能感受到熱。例如：小精靈未接觸火鍋卻被燙傷；還有中秋節烤肉時，燒紅的木炭，不須與食材接觸就能把食材烤熟。

密度與浮力

密度

是物質獨特的性質，指物質單位體積下的質量。

$$D = \frac{M}{V} \quad 密度 = \frac{質量}{體積}$$

當體積相同時，質量愈大，密度愈大，密度與質量成正比。

當質量相同時，體積愈大，密度愈小，密度與體積成反比。

當密度相同時，體積愈大，質量愈大，質量與體積成正比。

浮力

物體在液體內可分為：

沉體，當物體置於液體中，物體的體積完全沒入液面下，並且沉入底部時，表示物體密度＞液體密度。沉體所受浮力＜物重，沉體在液體中的重量≠0。

浮體，當物體置於液體中，物體的體積無法完全沒入液面下，表示浮體密度＜液體密度。浮體所受浮力＝物重，浮體在液體中的重量＝0。

懸浮體，當物體置於液體中，物體的體積完全沒入液面下，並且未沉到底部也未上浮至液面時，表示物體密度＝液體密度。懸浮體所受浮力＝物重，懸浮體在液體中的重量＝0。

浮力公式：

浮力（B）＝液面下體積（$V_{液面下}$）×液體密度（$D_{液}$）

浮力，是由一位非常知名的科學家所提出的，大家是否都聽過他因皇冠而裸奔的故事呢：國王請工匠製作黃金皇冠，卻擔心工匠偷工減料，在皇冠裡添加其他金屬，便請知名的學者阿基米德來協助判斷，皇冠是不是純金做的。

但是阿基米德苦思很久，仍然沒有對策，眼看國王給的期限快到了，如果沒辦法順利解決皇冠的難題，那這就將會變成自己生存上的難題了。

阿基米德心裡感到十分煩躁，於是想，不如去泡泡澡，看能否讓頭腦清晰些？縱身一躍，到了浴缸裡，真是舒服啊，阿基米德看著浴缸裡的水慢慢往外流淌，突然靈光乍現，對了！就是這個，立刻狂奔至皇宮向國王報告。

因為皇冠為不規則狀，很難用尺規工

$$同溫同壓下，相同物質的密度必相同。密度 = \frac{質量}{體積}$$

具測量與計算出正確的體積，所以一直困擾著阿基米德，而當阿基米德泡澡時看著流淌而出的水，瞬時間恍然大悟，想出了「排水法」來測量不規則形狀的物體體積。

把容器盛滿水，然後將物體沉入水中，因物體佔有體積，所以排開水的體積就是這個物體的體積，只要將被排開的水收集起來，就能得到不規則形狀物體的體積。

因此，如果將黃金皇冠和相同重量的純金塊各自沉入水中，測量兩邊排開水的體積，如果它們是相同的物質，那麼體積就會一樣，便能證明工匠沒有偷工減料；相反的，如果皇冠和金塊的體積不一樣，那麼就顯示皇冠不是純金的，裡面混合了其他物質。

最後，果然解決了國王的問題，也保住了阿基米德的腦袋。

阿基米德的浮力原理，對物理學界帶來重大的貢獻。

※ 阿基米德當時從浴缸出來，嘴裡喊著：「尤里卡！」
　在希臘語是「我發現了！」

自我挑戰

1 如附圖所示，將甲、乙兩球以細線連接後放入水中，待平衡後，發現兩球未浮出水面也未觸及杯底。已知甲球的密度爲 $3g/cm^3$，乙球的體積爲甲球的 4 倍，若細繩的質量與體積忽略不計，則乙球的密度應爲多少？

(A) $0.5g/cm^3$
(B) $0.6g/cm^3$
(C) $0.8g/cm^3$
(D) $1.0g/cm^3$

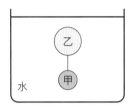

2 小玉利用排水法測量一個塑膠球的體積，在過程中她發現塑膠球會浮在水面上，所以將實驗步驟做了一些調整。她進行的所有步驟如下：

一、取適當大小的量筒，在量筒中裝入水，記錄水面位置刻度 X_1 ml。

二、將塑膠球放入量筒中，待水面靜止後，記錄水面位置刻度 X_2 ml。

三、以細繩的兩端分別綁住塑膠球及金屬球，將兩者放入量筒中，待兩者完全沉入水面下，且水面靜止後，記錄水面位置刻度 X_3 ml。

四、解開綁住塑膠球的細繩，將塑膠球取出量筒，細繩及金屬球放入量筒中，待其完全沉入水面下，且水面靜止後，記錄水面位置刻 X_4 ml。

已知在實驗步驟二、三、四中，未放入塑膠球或金屬球時，量筒內水面位置刻度均爲 X_1 ml，則塑膠球的體積應爲多少？

(A) $(X_3 - X_4)$ cm^3
(B) $(X_4 - X_2)$ cm^3
(C) $(X_3 - X_4 - X_1)$ cm^3
(D) $(X_4 - X_2 - X_1)$ cm^3

1. 由圖可知，甲、乙的總質量＝所受的浮力，也就是液面下體積 × 水的密度。即 $V \times 3 + 4V \times D = (V + 4V) \times 1$，即 $3 + 4D = 5$，得 $D = 0.5$ g/cm^3。故答案是（A）。

2. （金屬球＋繩）的體積＝$X_4 - X_1$；（金屬球＋繩＋球）的體積＝$X_3 - X_1$；由此可知：球的體積＝$(X_3 - X_1) - (X_4 - X_1) = X_3 - X_4$。故答案是（A）。

3 小翠進行如附圖步驟的實驗，並根據實驗結果，以量筒中液體的質量與體積繪圖，並延伸出此液體在不同質量時與體積的關係，小翠繪製出的圖應為下列何者才正確？

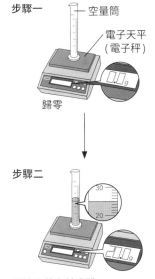

步驟一 ── 空量筒

電子天平（電子秤）

歸零

步驟二

量筒內裝有某液體，並置於同一個天平上秤重

(A)
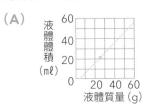

(B)
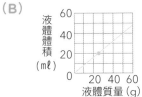

(C)
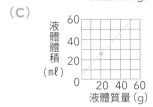

(D)
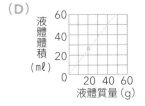

4 有五個大小不同的實心金屬球，小莉分別將這些金屬球丟入水中，利用金屬球排開水的體積來量得這些金屬球的體積（V），並以天平量測其質量（M），最後將結果描繪如附圖。她發現圖上各點恰可連成一條直線，且此直線通過原點，則她提出下列哪一個說明來解釋此一現象最合適？

(A) 因為這些金屬球的密度相同
(B) 因為這些金屬球的比熱相同
(C) 因為這些金屬球的形狀相同
(D) 因為量測球體積的方法相同

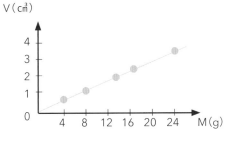

3. 由步驟一、步驟二可知當液體質量20g時，體積為25 cm³，且圖上直線會通過原點。故答案是（D）。

4. D＝M÷V，當M與V成正比，表示密度D相同。故答案是（A）。

5 如附圖所示，一正立方體木塊，密度為0.6g/cm³，置於裝有500ml水的玻璃杯中，此時木塊靜止浮於水面，若在此玻璃杯中，再加入500ml的油，發現液面上升，但木塊仍靜止浮於液面。已知油與水互不相溶，且油的密度為0.8g/cm³，則關於加入油前後的變化，下列敘述何者正確？

(A)木塊沒入液體中的體積變小
(B)木塊沒入液體中的體積變大
(C)木塊在液體中所受的浮力變小
(D)木塊在液體中所受的浮力變大

6 有一個以密度為2.5g/cm³的材質製成之容器甲，將其置入另一盛水容器中，容器甲會浮在水面上，如附圖所示。若用手扶住容器甲，並在容器甲內倒滿水，釋放之，待靜止平衡後，容器甲的浮沉情形最可能為下列何者？

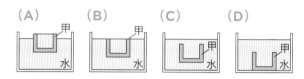

(A)　　　　(B)　　　　(C)　　　　(D)

7 一個均勻的正立方體木塊，其密度為0.5g/cm³，且任一面的面積皆為Acm²，將此木塊置於密度為1.0g/cm³的純水中，待平衡後，木塊底部距離水面的深度為hcm，如附圖所示。再於木塊上方正中央處放置一個質量為300g的砝碼，平衡後木塊底部距離水面的深度變為(h＋3)cm，且木塊底面與水面仍保持平行，則此木塊任一面的面積Acm²應為多少？

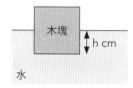

(A)100cm²
(B)150cm²
(C)200cm²
(D)600cm²

5. 倒入500ml的油後，木塊密度比油小，所以浮在液面上，為浮體，浮體浮力＝物體本身重量，B＝V₁沒×D水＝V₂沒×D油；因為D水＞D油，加入油後，木塊沒入液體的體積會變大。故答案是(B)。

6. 甲的材質密度大於水，當容器內倒滿水時，(容器＋水)的密度大於水，故會下沉至水底。故答案是(D)。

7. 重量增加300gw後，浮力也增加300gw，浮力＝排開液體重＝排開液體體積×液體密度，因此300＝A×3×1，A＝100cm²。故答案是(A)。

8 市售防晒霜依其阻擋紫外線的原理，分為物理性和化學性兩種。物理性防晒霜的主要成分為二氧化鈦（TiO_2）或氧化鋅（ZnO）；化學性防晒霜的主要成分為柳酸酯（$C_{15}H_{22}O_3$）或肉桂酸酯（$C_{18}H_{26}O_3$），均為酯類。根據上述，判斷物理性和化學性防晒霜的主要成分，分別屬於有機或無機化合物？

(A) 物理性和化學性皆屬於有機化合物
(B) 物理性和化學性皆屬於無機化合物
(C) 物理性屬於有機化合物，化學性屬於無機化合物
(D) 物理性屬於無機化合物，化學性屬於有機化合物

9 取相同莫耳數的丙酮（CH_3COCH_3）、丙烷（C_3H_8）分別與氧氣反應，未平衡係數的反應式如下：

$$CH_3COCH_3 + O_2 \longrightarrow CO_2 + H_2O$$

$$C_3H_8 + O_2 \longrightarrow CO_2 + H_2O$$

若丙酮和丙烷皆完全燃燒，則上述兩種反應的氧氣消耗量和水生成量之關係，應為下列何者？

(A) 氧氣消耗量：丙酮＜丙烷；水生成量：丙酮＜丙烷
(B) 氧氣消耗量：丙酮＜丙烷；水生成量：丙酮＞丙烷
(C) 氧氣消耗量：丙酮＞丙烷；水生成量：丙酮＜丙烷
(D) 氧氣消耗量：丙酮＞丙烷；水生成量：丙酮＞丙烷

10 某電影中描述一隻紅毛猩猩乘著一捆香蕉在海上漂浮。小新做實驗來確認香蕉是否會漂浮在海面上，結果發現香蕉可以漂浮在純水上，因此推論香蕉也可以漂浮在海水上，且香蕉露出海水面的體積比在純水時多。已知小新的推論過程正確，則小新做出此推論的理由最可能為下列何者？

(A) 海水的密度大於純水
(B) 海水的密度小於純水
(C) 海水的比熱大於純水
(D) 海水的比熱小於純水

解析

8. 有機化合物為含有碳原子的化合物，但不包括 CO、CO_2、碳酸鹽類、氰化物等。故答案是(D)。
9. 丙酮燃燒反應式，平衡後係數比依序為 1：4：3：3；丙烷燃燒反應式，平衡後係數比依序為 1：5：3：4；由兩式的反應係數可知，當莫耳數相等的丙酮和丙烷皆完全燃燒時，所需氧氣比為 4：5，生成水比例為 3：4。故答案是(A)。
10. 香蕉可漂浮在純水及海水上，可知香蕉密度小於純水和海水。浮力＝物體在液體中體積 × 液體密度，當液體密度愈大，則物體在液體中體積愈小，此處「香蕉露出海水面的體積比在純水時多」，表示香蕉在海面下體積較小，即海水的密度大於純水。故答案是(A)。

課堂 ⑤ 電流熱效應・電流、電壓、電阻

小精靈們迫不及待煮許多好料，阿明拿出電磁爐來支援。

這個黑不隆冬中間紅紅的裝置也是瓦斯爐具嗎？它不會噴出火焰卻也可以加熱耶！

電磁爐不是利用瓦斯，它是插電來加熱的。

電磁爐的原理，是透過高電阻元件將通過裝置的電能轉換成熱能，所以它必須插電。這就是電流熱效應。

基本電路

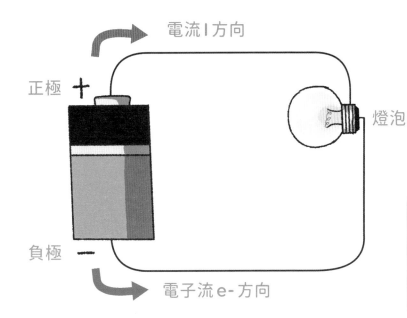

電流I方向

正極 +

燈泡

負極 ー

電子流e- 方向

小知識

燈泡串聯時,若有一燈泡受損,電路形成斷路;燈泡並聯時,若有一燈泡受損,不影響其他燈泡的運作。

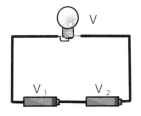

電池串聯

$$V = V_1 + V_2$$

總電壓爲各電池的電壓相加。串聯的電池愈多,燈泡的亮度愈亮。

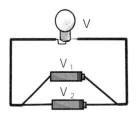

電池並聯

$$V = V_1 = V_2$$

並聯的電池愈多時,總電壓不變,燈泡亮度不變,但可延長使用時間。

有電真方便！

是的，透過電，點亮了人類夜晚的世界，當然還有許多便利的電器用品。

電一般可分為交流電和直流電，從插座輸出的為交流電，電流大小和方向會呈周期性的變化；直流電的電流大小和方向就是固定的。

小知識

透過變壓器，可將交流電轉為直流電供電器用品使用。

歐姆定律

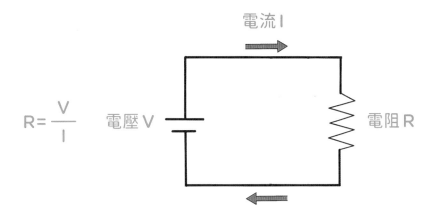

$$R = \frac{V}{I}$$

電流 I
電壓 V
電阻 R

 小知識

當承載電流超過最大負載電流時，保險絲就會熔斷以保護整體電路，所以保險絲本身必須是高電阻、低熔點的元件，而現在大多改用無熔絲開關，相對上更安全。

電阻的並聯

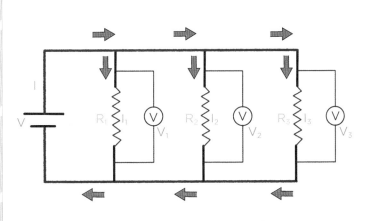

電阻 $\dfrac{1}{R} = \dfrac{1}{R_1} + \dfrac{1}{R_2} + \dfrac{1}{R_3}$

電流 $I = I_1 + I_2 + I_3$

電壓 $V_1 = V_2 = V_3$

電阻的串聯

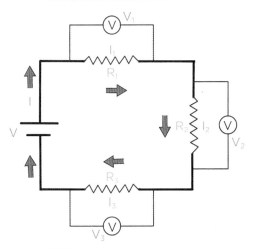

電阻 $R = R_1 + R_2 + R_3$

電壓 $V = V_1 + V_2 + V_3$

電流 $I_1 = I_2 = I_3$

課綱精華 故事裡的知識延伸

電路

電路為電流流動時所經過的路徑,也是電子移動所流過的路徑。電路的基本組成有:電源(電池)、導線與電器(燈泡),也可附加開關。

常見的電路情況可分為三種:

1. **通路**,電源、導線、燈泡三者形成一封閉迴路,可讓電流流經燈泡使燈泡發亮,稱為通路。

2. **斷路**,電源、導線、燈泡三者沒有形成一封閉迴路,無法讓燈泡發亮,稱為斷路。

3. **短路**,當電器的兩端被低電阻的導線跨接,電流幾乎只通過導線,未經電器,使得電器裝置不能正常運作,稱為短路。此時因整個電路處於低電阻狀態,有大量電流通過,導線因無法承受瞬間過大的電流而產生高溫熔毀,稱為電線走火,為電氣火災的主要原因之一。

發生短路可能的原因有:電線絕緣劣化、電氣設備裝置不良造成絕緣失效、絕緣材料材質不良或老化、電氣施工不良。

電流、電壓、電阻

V:電壓,單位:伏特(V)
I:電流,單位:安培(A)
R:電阻,單位:歐姆(Ω)

1. **電流**指正電荷的流動,由正極流向負極(事實上,正電荷是無法自由流動的,國中課本中為方便解說,才如此表示);**電子流**指負電荷的流動,由負極流向正極。

2. 在同一電路中將燈泡串聯時,流經每個相同規格燈泡的電流都等於總電流。

3. 在同一電路中將燈泡並聯時,流經每個相同規格燈泡的電流相加=總電流。

4. **安培計**是測量電流的儀器,安培計

必須與待測電路串聯，使用前先歸零，正極接正極，負極接負極，測量範圍由大到小。

5. **電壓**是驅動電荷流動的原動力，藉由高低電位差來驅動。

6. 在同一電路中將電池串聯時，各個電池的電壓相加＝總電壓。

7. 在同一電路中將電池並聯時，各個電池的電壓＝總電壓。

8. **伏特計**是測量電壓的儀器，伏特計必須與待測電路並聯，使用前先歸零，正極接正極，負極接負極，測量範圍由大到小。

9. **電阻**指電流流經導線截面時受到導線內原子的阻礙而形成的阻力。

10. 在同一電路中將電阻串聯時，每個電阻相加＝總電阻。串聯的電阻愈多，總電阻愈大。

11. 在同一電路中將電阻並聯時，每個電阻的倒數和＝總電阻的倒數。並聯的電阻愈多，總電阻愈小。

12. 符合歐姆定律的導體，其電阻值大小固定，電流與電壓成正比。

13. **歐姆定律**：電阻＝電壓÷電流

$$R = \frac{V}{I}$$

電流熱效應

1. 電流熱效應：當電流過高電阻元件時，部分電能可轉變成熱能。

2. 不同形式的能量可相互轉換。

3. 電功率指電器在單位時間所消耗的電能，單位：瓦特（W）

4. 電能＝電壓×電量
   ＝電功率×時間
   ＝電流×電壓×時間，
   $W = V \times Q = P \times t = I \times V \times t$。
   一般用焦耳（J）為單位，1焦耳＝1庫侖·伏特＝1瓦特·秒。

5. 電費是以「度」來計算，1度電就是1000瓦特的電器連續使用1小時所消耗的電能，可表示為**1千瓦·小時**。
   1度電（kWh）＝1000瓦特（W）×1小時（h）＝3.6×10^6焦耳（J）

6. 當電路為串聯時，電功率以$P=I^2\times R$來計算，此時電功率與電阻成正比。串聯時，電阻愈大，電功率愈大。

7. 當電路為並聯時，電功率以$P=V^2\div R$來計算，此時電功率與電阻成反比。並聯時，電阻愈大，電功率愈小。

電力輸送

電流可分為直流電（Direct Current，DC）及交流電（Alternating Current，AC）。

1. **直流電**，其電壓的兩極以及電流方向與大小，不會隨時間而變化，例如：乾電池、蓄電池等。

2. **交流電**，其電壓的兩極以及電流方向、大小，會依循固定的時間週期而交互變化。臺灣電力公司所供應的交流電頻率為60赫茲(Hz)，表示電流在火線與地線間交互流動，每秒鐘有60次變化。

電力系統是發電廠與用戶端之間所連結成的供電系統，主要有三個部分：

1. **發電**，發電的方式有很多種，臺灣主要以火力發電、核能發電及水力發電為主。

2. **輸電**，將發電廠所產生的電能，經由升壓變電所輸送到一、二次變電所。在輸送過程中因電流熱效應造成部分電能耗損，若以**高電壓、低電流**的方式來輸送，可減少損耗。

3. **配電**：由二次變電所經一次配電線路直接送到高壓用戶端；或由一次配電線路經過配電變壓器降載到低電壓後，再由二次配電線路輸送到低電壓用戶端。

靜電感應

摩擦起電：適用於使絕緣體帶電。當兩物體互相摩擦時，物體的部分電子轉移到另一物體上，而使得兩個原先不帶電的絕緣體帶有電性，失去電子的物體帶正電，得

到電子的物體帶負電。摩擦起電不能創造額外的電荷，只是發生電荷轉移。相互摩擦兩物體所帶的電，其電性相反、電量相等。例如：**用毛皮摩擦塑膠尺**，電子會由毛皮轉移到塑膠尺上，故毛皮帶正電，塑膠尺帶負電。**用絲絹摩擦玻璃棒**，電子會由玻璃棒轉移到絲絹上，故玻璃棒帶正電，絲絹帶負電。

感應起電：適用於使導體帶電。當一個帶電體靠近不帶電的導體時，導體接近帶電體的一端會感應出異性電，遠端則感應出同性電，這種使正、負電荷暫時分離的現象，稱之為**靜電感應**；然後再進一步使遠端接地，中和遠端的電性，最後使不帶電導體帶電（近端的電性），這個方法稱為**感應起電**。導體所帶電性與帶電體的電性相反。

接觸起電：適用於使導體帶電。以帶電體與不帶電的導體直接接觸，因自由電子轉移而使導體帶有電性。將一帶負電物體與不帶電的導體接觸，則帶電體的自由電子會流向導體，此時將帶電體移開，則導體會帶負電；反之，將一帶正電物體與不帶電的導體接觸，再將帶電體移開，則導體會帶正電。接觸起電可使原本不帶電的導體，最後產生與帶電體相同的電性。

自我挑戰

1 導體甲、乙、丙分別連接成三個電路裝置，如附圖所示。三個導體均由相同的材質組成，導體甲的長度為 L cm，截面積為 A cm²；導體乙的長度為 2L cm，截面積為 A cm²；導體丙的長度為 L cm，截面積為 2A cm²。若電路中導線及安培計的電阻、電池內電阻忽略不計，導體甲、乙、丙所連接的電路裝置中，流經三導體的電流值分別為 $I_甲$、$I_乙$、$I_丙$，其大小關係為下列何者？

(A) $I_甲 > I_乙 > I_丙$
(B) $I_乙 > I_甲 > I_丙$
(C) $I_丙 > I_甲 > I_乙$
(D) $I_丙 > I_乙 > I_甲$

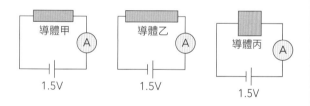

2 將一根帶正電的玻璃棒靠近一顆以絕緣細線懸掛的不帶電金屬球，但玻璃棒與金屬球不互相接觸。關於金屬球兩側所帶電性與受力達平衡狀態的示意圖，下列何者最合理？

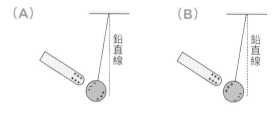

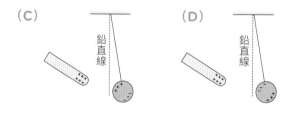

1. 根據歐姆定律 R=V÷I 可知，電壓 V 相同時，電流 I 與電阻 R 成反比，而導體的電阻與長度成正比，與截面積成反比，因此電阻大小為乙＞甲＞丙，即電流大小為丙＞甲＞乙。故答案是(C)。
2. 以帶電物體靠近不帶電金屬導體屬於靜電感應，金屬導體在靠近帶電物體的一側生成異性電，依同性電相斥、異性電相吸判斷。故答案是(A)。

3 一電路裝置如附圖所示，圖中導線電阻與電池內電阻忽略不計，甲、乙兩個燈泡皆正常發亮。若因燈泡甲燒毀而使電流無法通過燈泡甲，則有關燈泡乙在燈泡甲燒毀後的敘述，下列何者最合理？

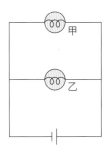

(A) 因電路發生斷路而使燈泡乙在未燒毀的情況下熄滅

(B) 因電路發生短路而使燈泡乙在未燒毀的情況下熄滅

(C) 流經燈泡乙的電流變為原本的 2 倍而使其亮度增加

(D) 燈泡乙仍正常發亮且流經燈泡乙的電流大小仍不變

4 若以箭頭方向表示電流方向，則下列選項中哪一個電路裝置表示的電流方向正確？

(A) 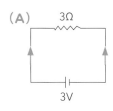　3Ω　　3V

(B) 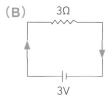　3Ω　　3V

(C) 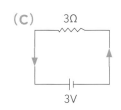　3Ω　　3V

(D) 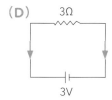　3Ω　　3V

5 下列選項中電路元件符號代表的電路元件，何者沒有出現在附圖的電路裝置裡？

(A)

(B)

(C) ⌇⌇⌇⌇⌇

(D)

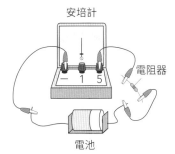

安培計

電阻器

電池

6 有甲、乙、丙、丁四組電路裝置，其電池的電壓值及電阻器的電阻值如附圖所示。若不計導線電阻及電池內電阻，則哪一組電路裝置中電阻器的耗電功率最高？

(A) 甲　(B) 乙　(C) 丙　(D) 丁

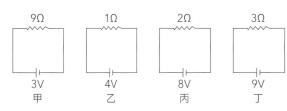

9Ω	1Ω	2Ω	3Ω
3V	4V	8V	9V
甲	乙	丙	丁

解析

3. 甲、乙並聯，電路各自獨立，燈泡甲燒毀後，燈泡乙不受影響。故答案是（D）。

4. 電流由電池正極流出，經外電路，流回電池負極。故答案是（B）。

5. 圖中沒有伏特計。故答案是（D）。

6. 電功率 $P = V^2 \div R$；可知當 V 愈大、R 愈小時，電功率愈高。故答案是（C）。

7 老師請阿民和阿仁各設計一個電路，此電路需同時達到下列三個要求：1、包含三個電阻器和一個電池。2、流過三個電阻器的電流大小相同。3、三個電阻器的電功率相同。阿民和阿仁設計的電路圖如附圖所示，若忽略導線電阻和電池內電阻，則關於兩人的設計圖是否符合老師的三個要求，下列何者正確？

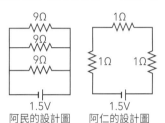

阿民的設計圖　　阿仁的設計圖

(A) 只有阿民符合
(B) 只有阿仁符合
(C) 阿民和阿仁都符合
(D) 阿民和阿仁都不符合

8 老師要求同學將手中的材料連接成如附圖所示的電路裝置，小芬完成後觀察到燈泡發光，伏特計與安培計也都發生偏轉，正當她想記錄下她所觀察的讀數時，卻不小心碰撞了線路，結果燈泡熄滅，但伏特計與安培計的讀數仍不為零。甲、乙、丙、丁哪一個位置的導線鬆脫形成斷路，才會造成上述情況？（所使用的伏特計與安培計均已歸零）

(A) 甲
(B) 乙
(C) 丙
(D) 丁

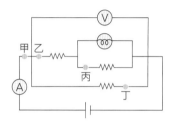

9 一電路裝置如附圖所示，電池的電壓為6V，電阻器甲與電阻器乙並聯，此時流經P點之電流 I_1 為2A，流經Q點之電流 I_2 為3A。若不計導線的電阻與電池內電阻，且電阻器皆符合歐姆定律，則甲、乙電阻值的比為下列何者？

(A) 1：2
(B) 2：1
(C) 2：3
(D) 3：2

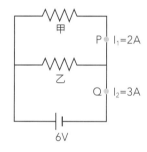

 解析

7. 阿民的三個電阻器電阻相等，故並聯（電壓相等）後電流相等，電功率 P＝IV 也相等；阿仁將電阻器串聯（電流相等），因電阻相等，故電功率 P＝I^2R 也相等。故答案是（C）。
8. 伏特計與安培計的讀數不為零，燈泡卻不亮，表示連接燈泡的線路斷路，由圖知丙、丁處斷路不會使燈泡熄滅，可得因乙處的導線鬆脫而形成斷路。故答案是（B）。
9. 通過乙電阻的電流＝3－2＝1（A）；且兩電阻為並聯，故電壓相等，即甲×2＝乙×1，即甲：乙＝1：2。故答案是（A）。

10 以導線連接五個燈座與一個電池，形成一個電路，然後將甲、乙、丙、丁、戊五個燈泡裝入燈座，如附圖所示。今圖中燈泡甲因燒毀而發生斷路，導致其他燈泡都不亮。已知將燈泡甲跟某一燈泡更換安裝位置後，未燒毀的四個燈泡均可再次發亮，則燈泡甲應與下列哪一燈泡互換位置？

(A) 乙
(B) 丙
(C) 丁
(D) 戊

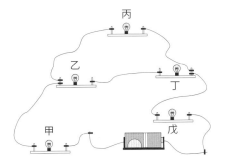

11 一電路裝置如附圖所示，接通電流後，甲、乙、丙三個電阻器的耗電功率相等，且甲、乙、丙的電阻值分別為 $R_甲$、$R_乙$、$R_丙$，若導線電阻忽略不計，則下列關係式何者正確？

(A) $R_甲 + R_乙 = R_丙$
(B) $R_甲 + R_乙 = 4R_丙$
(C) $R_甲 = R_乙 = R_丙$
(D) $R_甲 = R_乙 = 4R_丙$

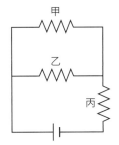

10. 從圖可知，甲乙丁戊可形成一封閉迴路，即使丙損壞，其他四個燈泡還會發亮；故損壞後的燈泡甲可以跟燈泡丙交換。故答案是（B）。

11. 從電路圖可知，流經電阻甲和乙的電流相等，流經電阻丙的電流為甲和乙電流相加；假設流經甲和乙的電流為 I，依題意可得 $(2I)^2 R_丙 = I^2 R_甲 = I^2 R_乙$。故三者電阻的關係正確的為（D）。

食用篇

課堂 ① 六大營養素・生態系

耶！好料都煮好了，我要開動啦！

一定很美味！

這些食物不僅美味，還有豐富營養呢！人體不可或缺的六大營養素，有誰知道呢？

水、醣類、脂質、蛋白質、維生素、礦物質。

小知識

生物生存的四大要素：陽光、空氣、水、養分。

小知識

當我們碰觸皮膚時會覺得有溫熱感，那就是一種放熱反應，這也顯示生命體必須持續有熱量的挹注才可生存。

六大營養素

水

水是最佳溶劑,可運輸物質,是細胞內最多的成分。

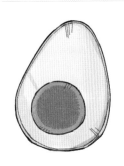

蛋白質

由胺基酸組成

脂質

由脂肪酸與甘油組成

 小知識

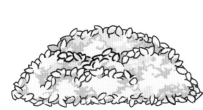

糖類

由葡萄糖組成

太空食品是一種供太空人在太空中食用的加工食物。這類食物的特性是,必須提供太空人均衡的營養成分,並且在失重的太空船環境中,能夠安全妥適的儲存和使用。

維生素

維生素A、D、E、K為脂溶性;維生素B、C為水溶性。

礦物質

鈣與磷是構成骨骼及牙齒的重要成分;鈉與鉀是神經傳導中重要的元素;鐵可合成血紅素,缺鐵易造成貧血;碘可合成甲狀腺素。

這六大營養素還可簡單分成兩類,一類可產生熱量,有醣類、脂質、蛋白質;另一類無法產生熱量,但對生物體維持生理機能非常重要,有水、維生素、礦物質。

小知識

我們有時候在運動過程中會流失大量的水分和礦物質,甚至造成抽筋,因此運動時飲用運動飲料可補充部分流失的礦物質,但卜帕建議大家將運動飲料以1:1的比例加水稀釋,避免造成腎臟的負擔。

要謝謝地球孕育生命,賜予我們食物!

小知識

生物多樣性包含三個層次:遺傳多樣性、物種多樣性、生態系多樣性。

地球上不同的生態系,有不同的生產者和消費者,所以特色美食也不同,哈哈!

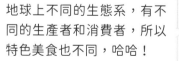

觀念聯想心智圖

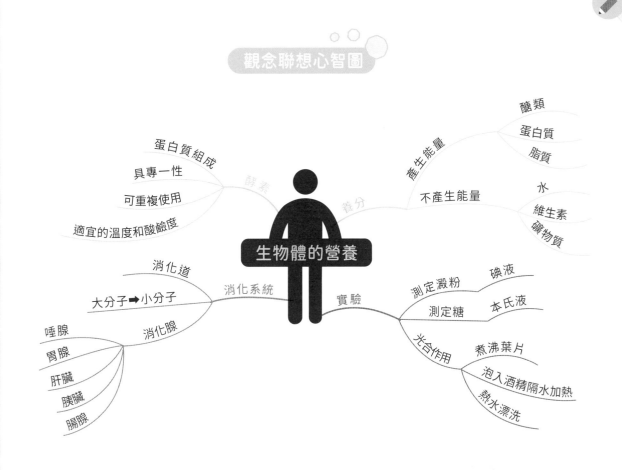

生物體的營養

- 酵素
  - 蛋白質組成
  - 具專一性
  - 可重複使用
  - 適宜的溫度和酸鹼度
- 養分
  - 產生能量
    - 醣類
    - 蛋白質
    - 脂質
  - 不產生能量
    - 水
    - 維生素
    - 礦物質
- 消化系統
  - 消化道
  - 大分子➡小分子
  - 消化腺
    - 唾腺
    - 胃腺
    - 肝臟
    - 胰臟
    - 腸腺
- 實驗
  - 測定澱粉
    - 碘液
  - 測定糖
    - 本氏液
  - 光合作用
    - 煮沸葉片
    - 泡入酒精隔水加熱
    - 熱水漂洗

🖋 小知識

生態金字塔是用來表達各營養層級之間的能量傳遞關係。最低階層為生產者，往上依序為初級消費者（食草生物）、次級消費者（捕食初級消費者）和三級消費者（捕食次級消費者）等。每往上一個階層，能量會損耗90%，只有10%的能量可往上傳遞，形成類似金字塔的能量位階。

三級消費者

次級消費者

初級消費者

生產者

六大營養素

六大營養素：水、醣類、脂質、蛋白質、維生素、礦物質

1公克醣類和蛋白質可產生4大卡（4000卡）的熱量，1公克脂質可產生9大卡（9000卡）的熱量，日常生活中的米飯、麵食等屬於醣類，瘦肉、牛奶、大豆、蛋等屬於蛋白質，奶油、豬油、沙拉油等屬於脂質。

維生素是生物所需的微量營養素，適量攝取維生素可以保持身體健康，過量攝取維生素卻會導致中毒，常見維生素有維生素A、維生素B群、維生素C、維生素D、維生素E、維生素K，可簡單分為脂溶性維生素和水溶性維生素。

若缺乏維生素A則可能引發乾眼症或夜盲症，若缺乏維生素C則可能引發壞血病，若缺乏維生素D則可能引發軟骨病。由此可知維生素調節生理機能的重要性。

全穀雜糧類

白米飯是最常被做為主食的全穀雜糧類食物，正常人每餐的飯量，建議為比自己的拳頭多一點。

蔬菜類

是維生素、礦物質及膳食纖維來源，膳食纖維可以維持腸道健康並幫助排便，每餐至少要攝取煮熟後體積比拳頭多一些的蔬菜類食物才足夠。

豆魚蛋肉類

是蛋白質主要來源，建議盡量選擇脂肪含量較低的豆魚蛋肉類食物，優先順序最好是依照豆製品、魚類與海鮮、蛋，最後是肉類，並且避免油炸及加工肉品，每餐大約吃一個掌心的量。

乳品類

每天早晚建議各喝一杯奶（約250毫升）補充足夠的鈣質，也可攝取小魚干、黑芝麻、豆干、海帶或深綠色蔬菜。

水果類

含豐富的維生素礦物質，建議每餐吃一個拳頭大小的量。

油脂與堅果種子類

油脂類食物主要可分為飽和及不飽和脂肪酸，因飽和脂肪含量高的油品（牛油、豬油、椰子油等），對心血管健康較為不利，因此建議選擇不飽和脂肪含量高且反式脂肪標示為「零」的油品（橄欖油、葵花油、大豆油等），每日食用約4～5茶匙內，並以低溫烹調。

均衡攝取六大類食物，最好再搭配適當的運動，才會讓身體更健康！

地球的生態系

生物圈是地球上最大的生態系，生物圈指的是地球上生物可生存的地方，範圍為海平面上下各一萬公尺，共兩萬公尺。在一個生態系內，各種生物間與環境之間存在平衡的關係，當有任何外來物種或物質侵入，都會破壞這種平衡，往後可能會逐漸形成新的平衡關係；但如果生態系被嚴重破壞，就會造成永久失衡。

族群：相同時間、相同棲地的同種生物。
群集：相同時間、相同棲地的不同種生物。
生態系：生物與環境構成的整體。

地球上的生態系可分為陸域生態系和水域生態系。

陸域生態系

可分為森林、草原、沙漠生態系。

1. **森林生態系**的平均年雨量在750㎜以上，是陸地上分布面積最廣的生態系，在寒帶、溫帶、亞熱帶及熱帶都有，因構成森林的樹種不同，又可分為針葉林、落葉林、熱帶雨林等。

2. **針葉林**廣泛分布在歐洲、亞洲和北

美洲等高緯度地區。本區的植物主要是裸子植物，例如：松、杉等，因葉子呈細長針形，所以稱為針葉樹。針葉樹的針葉不常脫落，故終年常青，可行光合作用。針葉林為世界木材的主要來源，本區由於溫度低，動物的種類和數量都不多。

3. **落葉林**主要分布在北美、西歐和東亞等地區。特點是四季分明，氣溫變化顯著，在秋冬時，由於日照漸短，氣溫降低，大部分樹木的葉子會變紅或變黃，並大量掉落到地面，所以稱為落葉樹。本區植物種類繁多，以高大植物為主要的生產者，例如：楓樹、槭樹和橡樹等。由於植物的種類繁多，因此動物的種類也多，這些動物都以嫩葉或果實為食。

4. **熱帶雨林**主要分布在赤道附近的南美洲和東南亞。特點是氣候因子穩定，一年中溫度變化少，雨量豐富，無乾季、雨季之分。本區植物種類繁多，而且茂盛，森林的層次很複雜；因為花、果實、葉子、樹枝和植物的碎片等，都可做為

動物的食物，所以動物種類很多。近年來，人類在東南亞和南美洲地區逐漸向熱帶雨林地帶開發，伐木之後，往往造成極為嚴重的土壤流失問題。

5. **草原生態系**的平均年雨量在250～750 mm間，雨量比沙漠多，但不足以形成森林，隨著緯度、溫度、雨量的差異，可分成熱帶草原、溫帶草原及寒原。

6. **沙漠生態系**的平均年雨量在250 mm以下，或者是蒸發量高於降雨量，主要的植物是仙人掌，本區的動物也必須能適應乾旱環境，因為晝夜溫差大，生物不易生存，種類較少。

水域生態系

可分為海洋、淡水、河口生態系。

1. **海洋生態系**覆蓋了大約71%的地球表面，並包含地球上約97%的水體，可分為潮間帶、近海區和遠洋區。**潮間帶**為海水高潮線和低潮線之間的區域，位於近海區內，因陽光充足，加上有陸

地上沖刷下來的營養鹽，故生物種類繁多。**近海區**又稱**大陸棚**，較靠近陸地，且水深不超過200公尺，有許多藻類生活在此。**遠洋區**可分為透光區和黑暗區，透光區為陽光可照射到的海面下約200公尺範圍，有許多浮游藻類；黑暗區陽光不易到達，因此缺乏生產者，消費者吃的食物大多是上層水域沉降下來的生物屍體或殘骸。

2. **淡水生態系**可分為湖泊、池塘、溪流，覆蓋著約0.78%的地球表面，並包含地球上約0.009%的水，淡水資源占比最多是冰川，其次是地下水，補注地下水的重要來源是雨水。當雨水滲透入土壤透水層至地下不透水層後，便緩慢向上累積，最後可形成地下水脈。

3. **湖泊與池塘**的水體較沒有流動，含氧量較低，而且汙染也會比較嚴重。湖泊水域深度比池塘更深，因此陽光較不易到達湖底，缺乏生長於底部的大型藻類，生產者多為浮游藻類。池塘深度較淺，陽光可穿透到池底，生產者有大型

藻類、浮游藻類。

4. **溪流**的水流湍急，上游因侵蝕作用強烈，不適於浮游生物生存；中游流速減緩，沉積作用明顯；下游地區則常形成沙洲泥地。岸邊的斷枝、落葉和植物碎屑，可成為蝦、蟹和水棲昆蟲的食物來源，而水棲昆蟲又成為魚類的食物來源。

5. **河口生態系**位於河流出海口附近，由河川與海洋交會所形成，因為受潮水來回以及河川水量變化的影響，鹽度起伏很大。由陸地沖刷下來的物質有一部分經過分解成為營養鹽，最後運送到河口，所以本區的營養鹽很豐富，生物種類也相當複雜。生產者有浮游植物及較大的水生植物，常見的是紅樹林植物，以水筆仔、海茄冬、五梨跤、欖李為主。大部分的生產者是以殘碎物的形式進入食物網中；而殘碎物會先被分解者分解後，再被消費者（軟體動物、節肢動物以及魚類）利用。

◉ 自我挑戰

1 　稻米依據碾製過程，可分爲三種：稻殼除去外殼後稱爲糙米；僅除去米糠層而保留胚芽的食米，稱爲胚芽米；而再經過碾磨，除去米糠層、胚芽後，就稱爲白米。附表爲糙米、胚芽米和白米的成分相關資料。依據我國衛生署公布的「國人膳食營養參考攝取量」中，年齡在19～30歲的女性每日適度的維生素B1攝取建議量爲1mg，假設維生素B1皆由稻米攝取而來，則國內在此年齡層的女性每日要食用多少量的稻米，可最接近此建議量？

(A) 185g 的糙米

(B) 200g 的胚芽米

(C) 500g 的白米

(D) 白米與糙米各100g

種類	無機物 (mg/100g)			維生素 (mg/100g)	
	鈣	磷	鉀	B_1	B_2
糙米	10	310	250	0.54	0.06
胚芽米	7	160	140	0.30	0.05
白米	6	140	110	0.12	0.03

2 　附表爲某食品營養標示的簡表，此食品中含量最多的營養成分會在下列哪一器官中被消化？

(A) 肝臟

(B) 膽囊

(C) 大腸

(D) 小腸

營養標示	
	每100公克
蛋白質	64公克
脂質	8公克
醣類	18公克
鈉	927毫克

3 　若將人體唾液和胃液的 pH 值調整爲6～7之間，再分別與澱粉液或葡萄糖液混合，如附圖所示。在適宜的溫度下，放置一小時後，滴入本氏液隔水加熱，推測下列哪一試管不會產生顏色的變化？

甲	乙	丙	丁
唾液＋澱粉液	胃液＋澱粉液	唾液＋葡萄糖液	胃液＋葡萄糖液

(A) 甲

(B) 乙

(C) 丙

(D) 丁

---

1. （A)$185÷100×0.54 = 0.999$（mg）；（B)$200÷100×0.3 = 0.6$（mg）；（C)$500÷100×0.12 = 0.6$（mg）；（D)$0.54 + 0.12 = 0.66$（mg）。故答案是(A)。

2. 含量最多的是蛋白質，胃和小腸可以消化蛋白質。故答案是(D)。

3. 試管中如有葡萄糖，則加入本氏液經隔水加熱後會變色，若沒有變色，代表試管中沒有葡萄糖。甲試管中的唾液可將澱粉分解成葡萄糖，因此會變色；乙試管是胃液加澱粉液，胃液中無酵素可分解澱粉，因此不會使本氏液變色。故答案是(B)。

4 附表爲某學校有關生態系列演講的日期及主題。小雅對生物群集（群落）的議題有興趣，若她只能參加兩場演講，則應優先選擇哪兩日期？

(A) 8日、15日　(B) 8日、22日
(C) 15日、29日　(D) 22日、29日

日期	演講主題
8日	七股地區黑面琵鷺的覓食行為
15日	墾丁國家公園海岸無脊椎動物的分布
22日	雪霸國家公園櫻花鉤吻鮭的繁衍
29日	關渡地區紅樹林生態系中的生物組成

● 櫻花鉤吻鮭，又稱臺灣鱒

5 如附表，有四位同學參加生態瓶的製作，各自選取不同的材料放入自己的透明玻璃瓶後密封，再將完成的生態瓶放在每日光照黑暗交替的環境下。哪一位同學的生態瓶設計最符合物質循環的概念？

(A) 阿金　(B) 阿蓮　(C) 阿平　(D) 阿祥

日期	阿金	阿蓮	阿平	阿祥
水草	－	－	✓	✓
吃蝦的小魚	✓	✓	－	－
吃水草的蝦	✓	✓	✓	✓
含微生物的水	－	✓	✓	－
不含微生物的水	✓	－	－	✓

6 小俊在野外觀察到生物乙附著在生物甲上，如附圖所示。經研究後發現，生物乙會直接吸取生物甲的有機養分且對生物甲的生長有害。這兩種生物的交互關係最可能爲下列何者？

(A) 捕食
(B) 競爭
(C) 寄生
(D) 合作

生物乙
生物甲
土壤

7 若海洋中的食物鏈爲：矽藻→浮游動物→小魚→大魚，根據生物所含能量的關係繪製成的金字塔，如附圖所示，則圖中的乙最可能爲此食物鏈中的何者？

(A) 矽藻　(B) 浮游動物
(C) 小魚　(D) 大魚

甲
乙
丙
丁

4. 族群代表同時同地的同種生物；群集代表同時同地不同種的生物；因此，黑面琵鷺和櫻花鉤吻鮭各自是一種族群，無脊椎動物和紅樹林的生物則各代表一個群集。故答案是(C)。

5. 完整的生態系中，不可或缺的角色是生產者和分解者，而消費者是非必要角色。表格中水草是生產者，微生物是分解者，蝦和小魚是消費者。故答案是(C)。

6. 生物乙會吸收生物甲的養分且對生物甲有害，屬於對一方有利而另一方有害的寄生關係。故答案是(C)。

7. 金字塔最底層丁是代表能量最多的生產者（矽藻），丙代表吃生產者的初級消費者（浮游動物），乙則是吃初級消費者的二級消費者（小魚）。故答案是(C)。

8 甲、乙及丙分別代表某食物鏈中的生產者、初級消費者及次級消費者，將此食物鏈繪製成能量的金字塔，如附圖所示。

●次級消費者，又稱二級消費者

甲、乙及丙階層之間能量流動的相關敘述，下列何者正確？

(A) 能量由甲向上流動，丙所含的能量最多
(B) 能量由甲向上流動，甲所含的能量最多
(C) 能量由丙向下流動，丙所含的能量最多
(D) 能量由丙向下流動，甲所含的能量最多

9 關於紅樹林生態系的敘述，下列何者錯誤？

(A) 紅樹林中的食物豐富，可供養眾多的生物
(B) 增加紅樹林的種植面積，會增強地球的溫室效應
(C) 紅樹林中招潮蟹、水筆仔等各種生物族群的集合，稱為群集
(D) 紅樹林中的生物群集和其生存環境共同組成了紅樹林生態系

10 根據下列的資料，回答 (1)～(2) 題：自然界的碳元素在大氣、陸地、海洋和生物之間不停的循環，其主要途徑如圖所示。

(1) $C_6H_{12}O_6 + 6O_2 \rightarrow 6CO_2 + 6H_2O$ 可用來表示上圖中哪一途徑的化學反應？

(A) 途徑甲　(B) 途徑乙
(C) 途徑丙　(D) 途徑丁

(2) 根據上圖，下列何種化學反應可消耗大氣中的二氧化碳？

(A) 燃燒化石燃料
(B) 植物的光合作用
(C) 動物的呼吸作用
(D) 細菌分解有機物

8. 能量塔的能量轉移分別是從生產者到初級消費者到次級消費者，能量流動為甲乙丙依序向上流動，每轉一層約有90%的能量消失，所以甲所含能量最多。故答案是(B)。

9. 增加紅樹林的種植面積可以適度減少溫室效應。故答案是(B)。

10-1. 葡萄糖氧化分解後產生二氧化碳和水（與能量），此為呼吸作用。故答案是(B)。

10-2. 光合作用可消耗大氣中的二氧化碳，進而產生氧氣與葡萄糖。故答案是(B)。

11 森林裡的松鼠數量激增，危害樹木甚鉅，以下何種做法不符合生態保育的原則？

(A) 森林裡松鼠的數量再多都要加以保護
(B) 選擇適當的地點設置陷阱，減少松鼠的數量
(C) 適度開放狩獵活動，適量捕捉森林中的松鼠
(D) 適量的增加原棲息地松鼠的天敵，如貓頭鷹等

12 附圖為世界人口的成長曲線，下列敘述何者錯誤？

(A) 工業時期人的出生率遠大於死亡率
(B) 從1930年算起，人口增加一倍需要30年的時間
(C) 人類在狩獵時期和農耕時期的人口數增加幅度不大
(D) 在1930年到1986年之間人口成長速率有增大的趨勢

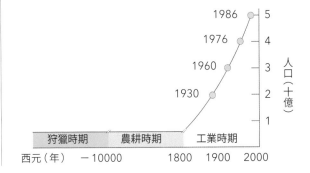

11. 松鼠會啃樹皮，造成樹木死亡，若松鼠數量過多時還加以保護，將造成森林死亡與生態失衡現象。故答案是（A）。

12. 從1930年人口約20億，到人口增加一倍到40億（1976年），需要46年的時間。故答案是（B）。

一邊吃火鍋，我們也一邊想一下食物在我們體內的路徑？

進食應該是先由口，再經過食道進入胃，在胃中形成食糜後再推進到小腸、大腸……

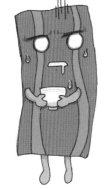

最後由肛門排出便便！！

吃東西時不要講這麼直接啦！

進食的過程中就發生了消化作用。

是的，消化作用是將大分子物質分解成小分子物質後供細胞吸收養分，而人體的消化系統可分為消化道和消化腺。

人體消化系統

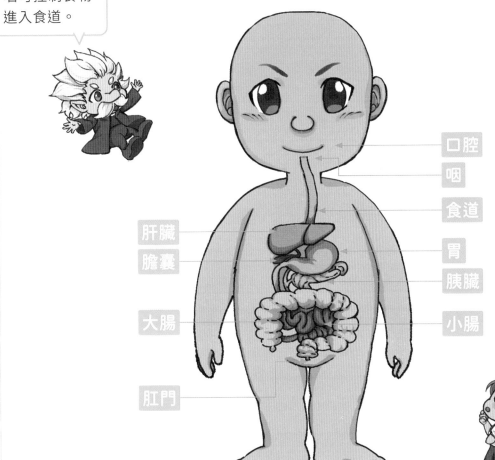

咽可控制食物
進入食道。

口腔
咽
食道
胃
胰臟
小腸

肝臟
膽囊
大腸
肛門

胃可磨碎、攪拌、消
化和暫時儲存食物。

📖 小知識

「胃食道逆流」是一種會影響到下食道括約肌的慢性消
化性疾病，發生症狀時，胃的內容物從胃中回流進食
道，這時胸部會有灼熱感，有時會蔓延到喉嚨，並伴隨
口中會有酸酸的味道，俗稱「火燒心」。除了引起不適
外，還可能使食道黏膜受傷。

呼嚕~ 呼嚕~

火鍋的湯好好喝，我一下攝取太多水分了，想要尿尿……

就跟你說，吃東西時不要大刺刺講這些字眼！

哈！我照樣吃得津津有味，不怕！

其實我正想說說泌尿系統的路徑呢，首先從腎臟開始……

然後經過輸尿管，到膀胱，最後從尿道排出。

是的，腎臟就像是個過濾器，幫助人體排出多餘的水分、鹽類、尿素。

📖 小知識

想攝取火鍋的美味湯頭，建議在烹煮的前 30 分鐘內喝湯。因為煮太久後，湯裡的食品添加物、亞硝酸鹽、鈉離子等的濃度會提高，容易造成身體負擔。

泌尿系統

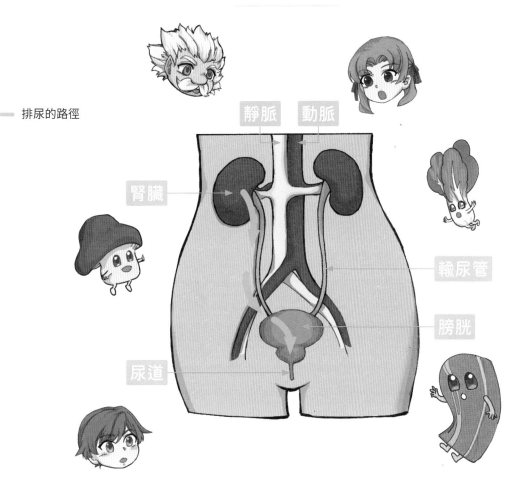

— 排尿的路徑

靜脈　動脈

腎臟

輸尿管

膀胱

尿道

小知識

一般所說的尿結石泛指「尿路結石」，包含：腎結石、輸尿管結石、膀胱結石和尿道結石等。

小知識

尿路結石的成因，主要跟季節、遺傳、慢性泌尿道感染、飲食等有關。夏天氣溫高、流汗多、尿量少，結石發作的病人是冬天的3～5倍；如果父母親有結石，子女得結石的機率比一般人多3倍；長期臥床的病人較一般人更容易罹患結石；愛吃肉、重鹹、重甜的人，因為攝取過量蛋白質、鈉、糖等食物，也會增加結石的風險。

消化與排泄

消化作用

食物的消化和吸收，供給我們生存所需的物質和能量，食物中的養分除了維生素、水和無機鹽類可被直接吸收利用之外，蛋白質、脂肪和醣類都必須被分解為結構較簡單的小分子物質，才能被吸收利用。

大分子澱粉被分解後形成葡萄糖，大分子蛋白質被分解後形成胺基酸，大分子脂肪被分解後形成脂肪酸和甘油，這個過程就稱為**消化**；而小分子物質透過消化管黏膜上皮細胞，進入血液和淋巴液的過程就是**吸收**；而未被吸收的殘渣與廢物，將通過大腸和肛門，以糞便形式排出體外，稱為**排遺**。

消化過程中包括了物理性消化和化學性消化。

食物經過口腔咀嚼、牙齒磨碎、舌頭攪拌、咽與食道吞咽、胃腸肌肉蠕動，將大塊食物變成小塊食團，並使消化液充分與食物混合，推動食團或食糜下移，增加食物與消化液接觸的面積，這種消化過程為**物理性消化**。

由消化腺所分泌的消化液，將各種營養物質分解為腸壁可吸收的簡單化合物，這些分解後的營養再被小腸吸收進入體內，這種消化過程為**化學性消化**。

在消化分解過程中有一項重要的物質參與作用：**酵素**，它可加快反應的進行；在反應前後，酵素的本質不變，所以可重複使用。酵素具有專一性，特定的酵素只能作用在特定的反應中：例如澱粉酶可加速分解澱粉，蛋白酶可加速分解蛋白質，脂肪酶可加速分解脂肪。

酵素是由蛋白質組成的分子，容易受到溫度和酸鹼性的影響，不同的酵素分子有各自適宜的環境條件，像嗜酸酵素適宜在酸性環境下作用，嗜鹼酵素適宜在鹼性環境下作用。胃蛋白酶就屬於嗜酸酵素，適宜

在胃酸當中，進行蛋白質的分解。

人體的消化系統可分為兩部分，消化道和消化腺：

消化道是食物在體內消化經過的器官組織，進食後的路徑從口→咽喉→食道→胃→小腸→大腸→肛門。

在胃中食物會混和胃液和胃酸形成食糜，胃只能吸收少量的水分、酒精、無機鹽類及藥物；小腸是人體分解和吸收養分的主要場所，小腸壁有許多小突起，稱為絨毛，可增加養分吸收的表面積，增進吸收效率；大腸會吸收水分，最後的食物殘渣形成糞便，送至肛門，進行排遺。

人體無法消化纖維素，但纖維素可促進大腸的蠕動，幫助排便，若缺少纖維素則排便時間會延長，嚴重時會引起便祕。

大腸可分為盲腸、結腸、直腸三部分，盲腸位於右下腹部，末端有個指狀突起，稱為闌尾，不具有消化功能，若有食物不慎掉入闌尾內，則可能導致闌尾發炎，俗稱盲腸炎。

消化腺可分為唾腺、胃腺、肝臟、胰臟、腸腺。

唾腺位於口腔，可分泌唾液，內含澱粉酶，使澱粉在口腔中進行初步分解。

胃腺位於胃部，可分泌胃液，內含胃蛋白酶，使蛋白質在胃裡進行初步分解。

肝臟可分泌膽汁，膽汁是唯一不含酵素的消化液，可將脂肪乳化為小油滴，方便分解。膽汁主要儲存在膽囊中，再注入小腸。

胰臟可分泌胰液，內含胰澱粉酶、胰蛋白酶、胰脂肪酶，胰液會注入小腸，進行消化分解。

腸腺，可分泌腸液，內含腸澱粉酶等，在小腸內進行消化分解。

泌尿系統

1. 製造尿液的腎臟
2. 運送尿液的輸尿管

3. 儲存尿液的膀胱
4. 排出尿液的尿道。

腎臟的形狀像蠶豆，位置大約在腹部兩側。腎臟能過濾血液，**再吸收**有用物質與水分後，剩下的廢物與多餘的水分會形成尿液。輸尿管與腎臟的腎盂連接，輸尿管和腎盂會藉由蠕動，將尿液送到膀胱，就算人體躺著也不會造成尿液逆流。

膀胱位於肚臍下方，功能是儲存尿液，它好比一顆有彈性的球，會逐漸脹大，當達到一定的壓力與容量，膀胱的肌肉便會放鬆，釋放尿液。

尿道是從膀胱連通到體外的一條通道，作用是將尿排出體外。

排除代謝廢物

人體的排泄器官：皮膚、肺臟、腎臟。**皮膚**是人體最大的排泄器官，可排泄水分、鹽分、尿素；**肺臟**可排出水分和二氧化碳；**腎臟**可排泄水分、鹽分、尿素。

含氮廢物的排除

體內蛋白質經過氧化分解後會產生一種有毒物質：氨。

小型單細胞生物，可透過擴散作用將**氨**直接排出體外。

昆蟲和鳥類，則將氨先轉換成**尿酸**，混合在糞便中排出。

人類則先在肝臟將氨轉換成**尿素**，再運送到腎臟，混合多餘水分，形成尿液後排出。

趣味問答

烹煮火鍋有一定風險，需小心安全。這次，有幾隻可憐的火鍋小精靈陸續被燙到，請問因「熱傳導」而燙到的是哪隻精靈？因「熱輻射」而燙到的是哪隻精靈？

（答案在下一頁）

自我挑戰

1 在人體消化管內的某種酵素能將脂質分解，下列有關此種酵素的敘述，何者正確？

(A) 也能分解蛋白質
(B) 主要成分是脂質
(C) 由血液運送至消化管
(D) 主要是在小腸中作用

2 研究員在不同氣溫條件下，測量某受試者呼氣、尿液、汗液和糞便中的水分，利用這些數據計算此人平均每日失去的水分，如表（一）所示。根據此表，若受試者在測試期間生理現象皆正常穩定，且空氣中的溼度保持在固定的範圍內，則推測在氣溫7～11℃的環境下，此受試者最可能發生下列何種現象？

來源	平均每日失去的水分（ml）	
	氣溫34～38℃	氣溫21～25℃
呼氣	250	350
尿液	1000	1400
汗液	1750	450
糞便	200	200

(A) 呼氣時不會失去水分
(B) 以汗液形式失去的水分較尿液少
(C) 以糞便形式失去的水分較尿液多
(D) 尿液和汗液所失去的水分都比炎熱時增加

3 附圖爲人體泌尿系統和其所連接的血管示意圖。關於圖中甲、乙、丙和丁構造的主要功能敘述，下列何者不正確？

(A) 甲爲合成尿素
(B) 乙爲輸送尿液
(C) 丙爲輸送血液
(D) 丁爲儲存尿液

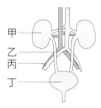

1. （A）酵素具有專一性，故分解脂質的酵素無法分解蛋白質；（B）酵素的主要成分為蛋白質；（C）是藉由導管運輸；（D）人體消化管中，能將脂質分解的酵素存在於胰液中，並在小腸中作用。故答案是（D）。

2. （A）氣溫較低時，呼氣失去的水分會增加；（B）氣溫較低時，汗液量減少，尿液量增加；（C）以糞便形式失去水分的多寡不受氣溫高低的影響；（D）氣溫較低時，尿液失去的水分較炎熱時增加，汗液失去的水分較炎熱時減少。故答案是（B）。

3. 肝臟將氨轉變成尿素，由血液運送至腎臟（甲）處，再將尿素過濾出來，並與其它代謝後產生的廢物形成尿液。故答案是（A）。

ⓐ 上一頁答案：**肉肉小精靈；香菇小精靈**

4 附圖是某食物在人體不同消化器官中停留的時間。根據此圖，判斷此食物在接觸膽汁之前，最可能已存在消化管中幾小時？

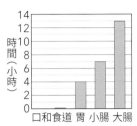

(A) 4　(B) 11　(C) 13　(D) 24

5 下圖是人體的泌尿系統，下列相關敍述何者正確？

(A) 甲處可以形成尿素
(B) 乙處可以製造尿液
(C) 丙處將血液送回血管
(D) 主要是在小腸中作用

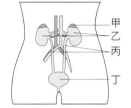

6 澱粉在人體內經某種生理作用後可產生多個小分子X，如附圖所示。有關此生理作用及小分子X的名稱，下列何者最合理？

(A) 消化作用，葡萄糖
(B) 消化作用，胺基酸
(C) 呼吸作用，葡萄糖
(D) 呼吸作用，胺基酸

7 附圖表示蛋白質食物在人體消化道中，經X物質初步分解為小分子（以◯表示）後，再被吸收進入血液的過程。關於圖中X和◯的名稱，下列何者正確？

(A) X：激素，◯：胺基酸
(B) X：酵素，◯：胺基酸
(C) X：激素，◯：脂肪酸
(D) X：酵素，◯：脂肪酸

解析

4. 膽汁由肝臟分泌，藉由導管送入小腸內作用，而食物在進入小腸、接觸膽汁前，已存在於口、食道及胃中，故可能已存在消化管中約 4 小時。故答案是（A）。

5. 甲為腎上腺，主要分泌腎上腺素；乙為腎臟，可形成尿液；丙為輸尿管，將尿液輸送至膀胱；泌尿系統非在小腸中作用。故答案是（B）。

6. 澱粉為大分子物質，可經消化作用分解產生葡萄糖小分子；（C）（D）呼吸作用是細胞利用氧氣與葡萄糖反應產生能量、二氧化碳與水。故答案是（A）。

7. 蛋白質為大分子養分，進入人體消化道後，可經消化液中的酵素作用而分解為小分子物質——胺基酸，故X為酵素，◯為胺基酸。故答案是（B）。

8 雞吞食砂粒儲放在雞胗中，可幫助磨碎食物，以增加食物與酵素接觸的表面積。下列人體內哪一構造具有類似上述雞胗的消化功能？

(A) 口腔
(B) 食道
(C) 肝臟
(D) 大腸

9 已知人體代謝甲物質後所產生的含氮廢物，會運送至乙器官中轉換成尿素。根據上述，關於甲和乙的配對，下列何者正確？

(A) 甲：脂質，乙：腎臟
(B) 甲：脂質，乙：肝臟
(C) 甲：蛋白質，乙：腎臟
(D) 甲：蛋白質，乙：肝臟

10 已知某種病毒在 pH 值小於 6 的環境中即被消滅，頭頭誤食被該病毒感染的豬肉，則病毒可能在頭頭體內的哪一器官中被消滅？

(A) 食道
(B) 胃
(C) 小腸
(D) 大腸

11 下表為大雄每日水分的平均攝入量與排出量，根據表中資料判斷，下列推論何者錯誤？

(A) 水分主要靠尿液排出
(B) 水分的攝入主要來自於飲水
(C) 水分的攝入量及排出量維持平衡
(D) 水分經由食物的攝入量高於尿液的排出量

攝入量 (c.c.)		排出量 (c.c.)	
飲水	1800	排尿	1450
食物	600	排汗	500
其他	50	呼氣	400
		排便	100

解析

8. (A) 口腔內具有牙齒，可咬碎食物，增加食物和消化液中酵素的接觸面積；(B) 食道只能藉由管壁運動將食物往胃的方向推送，不具有磨碎的功能；(C) 食物進入人體的消化系統中，只會經過消化管（口腔、食道、大腸），不會經過消化腺（肝臟）；(D) 大腸的蠕動只能推送食物殘渣，不具有磨碎的功能，且大腸中亦無酵素進行作用。故答案是 (A)。

9. 蛋白質（甲物質）代謝後會產生具有毒性的含氮廢物（氨），可運送至肝臟（乙器官）轉換成毒性較低的尿素。故答案是 (D)。

10. pH 值小於 6 為酸性，選項裡的消化器官，只有胃的胃液為酸性。故答案是 (B)。

11. 依據表格數據，水分經由食物的攝入量低於尿液的排出量。故答案是 (D)。

12 唾液中的甲物質可催化澱粉的分解，胃液中的乙物質則可催化蛋白質的分解，若推測甲、乙兩物質本身的主要成分，下列敘述何者最合理？

(A) 甲、乙成分皆為澱粉
(B) 甲、乙成分皆為蛋白質
(C) 甲成分為澱粉，乙成分為蛋白質
(D) 甲成分為葡萄糖，乙成分為胺基酸

13 人體的胃液及胰液中皆具有消化酵素，關於此兩種消化液在體內主要作用的場所，下列配對何者正確？

(A) 胃液：胃，胰液：胰臟
(B) 胃液：胃，胰液：小腸
(C) 胃液：小腸，胰液：小腸
(D) 胃液：小腸，胰液：胰臟

14 已知某藥品的設計是將蛋白質以脂質包裹，當外層的脂質被消化液分解後，內部的蛋白質才能釋出。若人體攝入此藥品，則推測其所含的蛋白質釋出之地點應在下列哪一消化器官中？

(A) 胃　(B) 小腸　(C) 口腔　(D) 食道

15 附圖為人體部分消化器官的示意圖，若老王體內的甲處發生阻塞，則下列關於他的消化及養分吸收功能，何者最可能發生？

(A) 胰液無法排至小腸內
(B) 胃液無法分解蛋白質
(C) 消化脂質的功能下降
(D) 吸收葡萄糖的功能下降

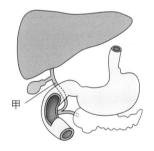

甲

12. 唾液中的澱粉酶可催化澱粉的分解，胃液中的胃蛋白酶可催化蛋白質的分解。澱粉酶與胃蛋白酶皆為酵素，酵素的主要成分為蛋白質。故答案是(B)。

13. 胃液在胃裡作用，而胰液是經由導管輸入小腸中進行消化作用。故答案是(B)。

14. 小腸內才具有分解脂質的脂肪酶，此藥需經過小腸分解，裡面的蛋白質才能釋出。故答案是(B)。

15. 甲是將肝臟分泌的膽汁運送至小腸的導管，若阻塞，則會影響脂質的分解。故答案是(C)。

肉肉精靈和玉米精靈突然吵了起來，精靈王卜帕趕緊介入，看看他們到底是為什麼事爭吵。

我剛剛在跟肉肉討論，我們吃進肚的食物是如何轉變成能量，我認為是呼吸作用。

我覺得是消化作用！

由我來解惑吧，消化作用是將大分子物質分解為小分子，讓細胞吸收；而呼吸作用才是將養分氧化分解後產生能量。

所以玉米才是正確的。

植物與動物的呼吸作用實驗

倒進清水

二氧化碳進入

倒入清水的目的，是將錐形瓶內的氣體排入盛有澄清石灰水的試管中。

綠豆萌芽時，呼吸作用特別旺盛，會產生大量的二氧化碳。不論將綠豆照光或放在暗室中，實驗結果都相同。

萌芽的綠豆

石灰水從透明變混濁

往袋中呼出氣體二氧化碳

石灰水從透明變混濁

當石灰水呈白色混濁（碳酸鈣白色沉澱），表示通入的氣體含有二氧化碳。

大家續了一盤又一盤的食物，小精靈們則對人體非常好奇。

大家吃飽了，血糖值會上升對吧？

沒錯，但之後也會漸漸下降回到穩定的狀態。人體能夠維持體溫、水分、血糖等的恆定性。不只如此，人體的免疫機制也很強大。

小知識

打呼的原因是，入睡後呼吸道的肌肉張力下降，令呼吸道受到擠壓，呼吸氣流受到阻力，使得軟顎和舌根震動而產生聲音或發生呼吸暫停，甚至可能是「睡眠呼吸中止症」前兆。

血糖恆定性

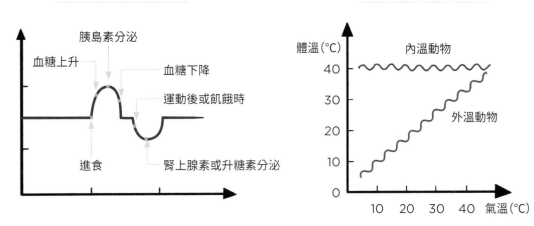

胰島素分泌

血糖上升

血糖下降

運動後或飢餓時

進食

腎上腺素或升糖素分泌

體溫的變動

體溫(°C)

內溫動物

外溫動物

40
30
20
10
0

10　20　30　40　氣溫(°C)

觀念聯想心智圖

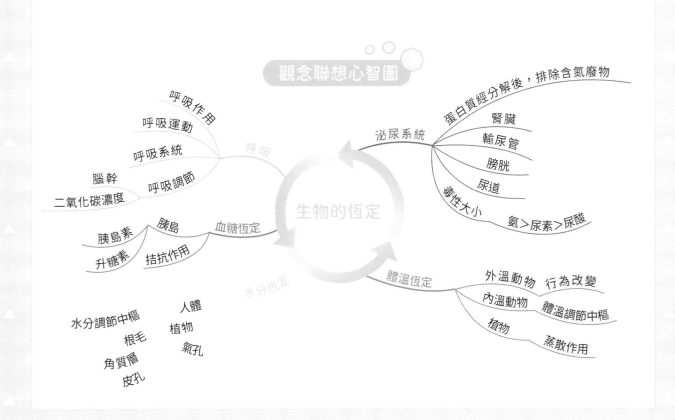

呼吸作用
呼吸運動
呼吸系統
呼吸
腦幹
二氧化碳濃度　呼吸調節

胰島素　胰島　血糖恆定
升糖素　拮抗作用

生物的恆定

水分恆定
水分調節中樞　　人體
　　　　根毛　植物
　　角質層　氣孔
　　　皮孔

泌尿系統　蛋白質經分解後，排除含氮廢物
腎臟
輸尿管
膀胱
尿道
毒性大小　氨>尿素>尿酸

體溫恆定　外溫動物　行為改變
內溫動物　體溫調節中樞
植物　蒸散作用

呼吸系統

動物體在新陳代謝過程中要不斷消耗氧氣，產生二氧化碳，而有機體與外界環境進行氣體交換的過程稱為「呼吸」。

呼吸作用：養分在體內氧化分解後，產生能量。葡萄糖＋氧氣→二氧化碳＋水＋能量。

氣體交換的場所

1. 外界與呼吸器官間的氣體交換，稱為肺呼吸或鰓呼吸，又稱外呼吸。
2. 由血液、組織液與有機體的組織細胞間進行氣體交換，可稱為內呼吸。

呼吸器官的共同特點是表面溼潤且壁薄，面積大且有豐富的毛細血管分布。

低等的水生動物沒有專門的呼吸器官，是依靠水中氣體的擴散作用和滲透作用來進行氣體交換；較高等的水生動物以鰓為主要的呼吸器官；陸生的無脊椎動物則以氣管或肺來交換氣體；陸生脊椎動物以肺為呼吸器官。

植物沒有專門的呼吸器官，主要是經由葉的氣孔、莖的氣孔或皮孔、根部的表皮細胞來與外界交換氣體。

人體的呼吸系統可分為

1. 呼吸道：鼻腔、咽、喉、氣管、支氣管
2. 肺臟

人體的呼吸運動

呼氣：呼氣時，肋骨下移，橫膈上升，使胸腔的體積變小、壓力變大，促使體內壓力將氣體壓出體外，達到呼氣的效果。

吸氣：吸氣時，肋骨上舉，橫膈下降，使胸腔的體積變大、壓力變小，促使外界壓力將氣體壓入體內，達到吸氣的效果。

吸氣路徑：氣管→支氣管→肺臟。

身體的恆定性

生物的恆定性：生物體可自動調節水分、體溫、血糖濃度以及呼吸等，使體內的生理環境能保持恆定以維持生存。

恆溫動物／內溫動物：體溫維持在一定的溫度範圍內。

變溫動物／外溫動物：體溫無法維持在一定的範圍內，需透過改變行為來調節體溫。

人體的三大恆定性：體溫恆定性、水分恆定性、血糖恆定性，調節中樞為**腦幹**。

體溫上升時，血管擴張並加速血液流量，以進行散熱，並且降低食慾，來減少產熱。

體溫下降時，血管收縮並降低血液流量，來減少散熱，並且增加食慾或肌肉顫抖，來增加產熱。

人體由許多細胞所組成，而細胞內高達90％為水分，所以調節體內水分的恆定很重要。

體內水分較多時，排汗量和排尿量增加。

體內水分較少時，排汗量和排尿量減少，並產生口渴的感覺。

血液中的葡萄糖，稱為血糖。血糖的恆定由胰島素、升糖素來調節。

當進食後，血糖濃度會上升，此時胰島素分泌量增加，升糖素分泌量減少，加速細胞利用血糖，並促使多餘的血糖轉換成肝糖儲存在肝臟或肌肉中，以達到血糖濃度下降，維持血糖的恆定。

當一段時間未進食，血糖濃度會下降，此時胰島素分泌量減少，升糖素分泌量增加，產生飢餓感促進進食，並促使儲存在肝臟或肌肉中的肝糖轉換成血糖釋放到血液中，以達到血糖濃度上升，維持血糖的恆定。

陸地生物的防水構造與策略

植物

1. 莖部的樹皮；葉的表皮有角質層或蠟質。

2. 葉面的蠟質可提供保護，並能反射陽光。
3. 氣孔大多分布在下表皮。
4. 秋冬時會落葉。
5. 減少水分散失的特殊葉片：仙人掌的葉呈針狀；構樹的葉片上布滿細毛。

動物

1. 表皮層特化為角質層。
2. 爬蟲類的表皮為鱗片或骨板。
3. 昆蟲具有幾丁質成分的外骨骼。

植物的水分調節

1. 當環境缺水時，會增加根部的水分吸收，並關閉氣孔以減少水分散失。
2. 當水分充足時，減少根部的水分吸收，並打開氣孔以增加水分的蒸散作用；若水分來不及排除，則可由葉脈的末端（葉緣或葉尖處）直接排出，稱為**泌液作用**。

趣味問答

毛豆和黃豆都屬於「蛋豆魚肉類」食物，事實上，毛豆是黃豆小時候；玉米屬於「全穀雜糧類類」食物，請問它小時候稱爲什麼？屬於哪一類食物呢？

（答案在下一頁）

自我挑戰

1 將酵素甲和澱粉溶液在試管中混合均勻，並定時測量試管內的澱粉濃度。已知試管內澱粉濃度會隨著時間而改變，如附圖所示，下列關於甲的敍述，何者正確？

(A) 甲主要由葡萄糖組成
(B) 甲與澱粉反應後，會被分解成胺基酸
(C) 若降低甲的活性，會使澱粉的合成速率變快
(D) 若提高甲的活性，會使澱粉的分解速率變快

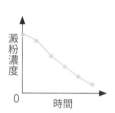

2 在製作麵包的過程中，可添加澱粉酶、脂肪酶和蛋白酶等酵素，附表為甲～丁四位同學對於三種酵素主成分的說明，哪一位同學的說明最合理？

(A) 甲　(B) 乙　(C) 丙　(D) 丁

酵素主成分　　酵素 同學	澱粉酶	脂肪酶	蛋白酶
甲	澱粉	脂肪	蛋白質
乙	醣類	脂肪酸	胺基酸
丙	澱粉	澱粉	澱粉
丁	蛋白質	蛋白質	蛋白質

3 在正常情形下，當人體進行呼吸運動時，下列何者為吸氣過程的變化或狀態？

(A) 橫膈下降
(B) 肋骨下降
(C) 胸腔體積變小
(D) 肺臟內的氣體壓力持續大於體外大氣壓力

4 附表為四種人工食品分別所含養分和水的質量比例。若這四種食品的總質量都相同，則下列何者可提供人體最多的能量？

(A) 甲　(B) 乙　(C) 丙　(D) 丁

甲	乙	丙	丁	▨ 蔗糖 ☐ 纖維素 ▨ 維生素和礦物質 ☐ 水

解析

1. （A）甲為酵素，主要由蛋白質組成；（B）甲與澱粉反應後，澱粉會被分解成葡萄糖；（C）甲是分解澱粉的酶，若降低甲的活性，會使澱粉的分解速率變慢；（D）若提高甲（澱粉酶）的活性，會使澱粉的分解速率變快。故答案是（D）。

2. 酵素的主要成分都是蛋白質。故答案是（D）。

3. 人體吸氣時，肋骨上升、橫膈下降、胸腔體積變大，肺臟內氣體壓力比大氣壓力小。故答案是（A）。

4. 四種成分中，只有蔗糖經分解後，能提供人體能量。故答案是（A）。

ⓐ 上一頁答案：**玉米筍，蔬菜類**

5 在甲、乙及丙三支試管中分別裝入等量且濃度相同的溶液 X，依實驗設計分別再加入等量的葡萄糖液、澱粉液或水，充分混勻再靜置於適宜的溫度，待足夠的反應時間後，以碘液進行檢測。將上述各試管所含的物質與碘液檢測結果整理如附表，根據此實驗結果判斷，溶液 X 中最可能含有下列何種成分？

(A) 澱粉　(B) 葡萄糖
(C) 分解澱粉的酵素　(D) 分解葡萄糖的酵素

試管	所含的物質	結果
甲	溶液 X＋葡萄糖液	黃褐色
乙	溶液 X＋澱粉液	黃褐色
丙	溶液 X＋水	黃褐色

6 如圖，有一特定的酵素 X 被固定於某材質的器具上仍具活性，將此器具倒放在成分全為蛋白質的吉利丁凍上，吉利丁凍會被分解。若立即再將此含有酵素 X 的器具取出，並倒放在成分全為醣類的洋菜凍上，且酵素作用的環境不改變，則有關洋菜凍是否會被酵素 X 分解及其解釋，下列何者最合理？

(A) 不會，因為酵素 X 作用後被分解
(B) 不會，因為酵素 X 不能分解醣類
(C) 會，因為酵素 X 可以重複進行作用
(D) 會，因為酵素 X 可分解外形為凍狀的物質

酵素 X　倒放 → 吉利丁凍 → 取出 → 再倒放 → 洋菜凍

7 食物中的澱粉經過消化作用後，會產生能被小腸吸收的小分子。有關此小分子的敘述，下列何者正確？

(A) 成分是胺基酸
(B) 可用碘液檢測出
(C) 是光合作用的原料
(D) 是呼吸作用的原料

8 在惡臭的環境中，小葵用手掐住鼻子閉氣，不久，卻憋不住氣而放開手，大口呼吸起來，這是因為其血液中下列哪種氣體含量增高所造成？

(A) O_2　(B) O_3　(C) CH_4　(D) CO_2

解析

5. 碘液遇到澱粉會呈現藍黑色，反之呈黃褐色。由丙試管可知溶液 X 非澱粉；由乙試管可知澱粉會因溶液 X 而消失，因此推論溶液 X 是分解澱粉的酵素。故答案是 (C)。

6. 酵素 X 為分解蛋白質的酵素，酵素具有專一性，所以它不能分解醣類，因此洋菜凍無法被分解。故答案是 (B)。

7. (A) 澱粉分解後的小分子是葡萄糖；(B) 葡萄糖需用本氏液及加熱檢驗；(C) 葡萄糖是光合作用的產物。故答案是 (D)。

8. 憋氣會使血液中的二氧化碳濃度增加，刺激腦幹增加呼吸運動次數，將過多的二氧化碳排出。故答案是 (D)。

9 附圖爲人體進行呼吸運動時，橫膈位置變動的示意圖。利用藍色氯化亞鈷試紙可檢測人體呼出氣體中的某物質。有關呼氣時橫膈位置的變化及可使試紙變色的物質，下列何者正確？

(A) 甲→乙，水　　(B) 甲→乙，二氧化碳
(C) 乙→甲，水　　(D) 乙→甲，二氧化碳

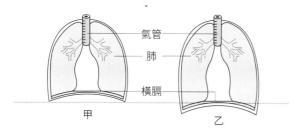

氣管
肺
橫膈
甲　　乙

10 阿華分別進入甲和乙兩種環境，在甲環境中肌肉出現顫抖的現象，而在乙環境中皮膚表面的血管擴張、血液量增加。若僅以調節體溫恆定的正常反應判斷，則下列有關甲、乙環境溫度及阿華體溫的比較，何者可能成立？

(A) 甲環境溫度＞乙環境溫度＞體溫
(B) 甲環境溫度＞體溫＞乙環境溫度
(C) 乙環境溫度＞甲環境溫度＞體溫
(D) 乙環境溫度＞體溫＞甲環境溫度

9. 呼氣時，肋骨下降，橫膈上升，爲圖乙到甲，且呼出的成分中含有水，可使氯化亞鈷試紙變粉紅色。故答案是(C)。

10. 阿華在甲環境中顫抖，表示環境溫度較低；在乙環境中血管擴張，表示環境溫度較高。故答案是(D)。

趣味問答

本書的書名總共出現幾次呢？
（提示：封面有２次、版權頁有２次）

（答案在 p.138）

填飽胃的阿明和小晴，潛移默化之間吸收了知識，覺得超滿足！

吃了好吃的火鍋，充滿元氣！

今天補充很多營養。

還吸收了滿滿知識！

吃光光！

超美味！

我下次還要來……

今天的火鍋 party 能讓你們功力大增喔！

嗯！覺得我好像可以考 100 分，哈哈！

謝謝精靈王！

還有謝謝各位火鍋精靈跟我們一起煮火鍋、一起複習。

我們覺得很好玩喔！嘻嘻！

轉瞬間，
精靈們隱形了。

再來就是我們自己要好好努力了。

希望我們都考到自己心目中的學校。

考完會考之後，再一起好好玩耍～

一定要的！

對了……
上高中後，我們依然
一起讀書吧！

嗯！說定囉！

附錄　國中自然科全範圍

同學們可利用以下表格，註記你複習了哪些內容，如果是本書未包含的主題，請記得回去讀課本喔！同時也可以嘗試看看，把這些主題延伸編織成故事。

國一生物上

生命的發現
□生命現象與生物圈　□生物體的基本單位
□細胞的形態與構造

組成生物體的層次
□組成生命的物質　□生物體的組成層次

生物體與營養
□食物中的養分　□酵素
□植物如何製造養分　□人體如何獲得養分

生物體內的運輸
□植物的運輸構造　□人體內的血液循環
□人體內的淋巴循環

生物體的協調作用
□神經系統　□內分泌系統　□植物的感應

生物體內的恆定性
□呼吸與氣體的恆定　□血糖的恆定
□排泄與水分的恆定　□體溫的恆定

國一生物下

新生命的誕生
□細胞的分裂　□無性生殖　□有性生殖

遺傳
□孟德爾的遺傳法則　□基因與遺傳　□人類的遺傳
□突變　□生物科技

形形色色的生物
□生物的命名與分類　□原核生物界　□原生生物界
□菌物界　□植物界　□動物界　□演化的證據

生物與環境的交互作用
□生物與群集　□生物間的交互作用
□生態系的組成　□能量的流動　□物質的循環

人類與環境
□人類與環境的關係　□人類對環境的衝擊
□生態保育的現在與未來

國二理化上

基本測量	光與色的世界
□長度與體積的測量　□質量的測量　□密度	□光的傳播　□光的反射與面鏡　□光的折射與透鏡 □光學儀器　□光與顏色
認識物質的世界	冷暖天地
□認識物質　□水溶液　□空氣與生活	□溫度與溫度計　□熱量與比熱　□熱的傳播 □熱對物質的影響
波動與聲音的世界	元素與化合物
□波的傳播與特性　□聲波的產生與傳播 □聲波的反射　□多變的聲音	□純物質的分類　□認識元素　□原子結構 □元素週期表　□分子與化學式

A p133答案：7次。眼尖的你，發現了嗎～

國二理化下

化學反應
☐認識化學反應　　☐化學反應的質量守恆
☐化學反應的表示法　☐原子量、分子量與莫耳

反應速率與平衡
☐反應速率　☐反應溫度與催化劑　☐可逆反應與平衡

氧化還原
☐燃燒與氧化　☐氧化還原　☐生活中的氧化還原

有機化合物
☐認識有機化合物　　☐常見的有機化合物
☐肥皂與清潔劑　　☐聚合物和衣料　☐化石燃料

酸、鹼、鹽
☐認識電解質　☐常見的酸與鹼　☐酸鹼程度的表示
☐酸鹼中和反應

力與壓力
☐力與平衡　☐摩擦力　☐壓力　☐浮力

國三理化上

直線運動
☐時間的測量　☐路程和位移　☐速率和速度
☐加速度　　☐自由落體

力與運動
☐牛頓第一運動定律　☐牛頓第二運動定律
☐牛頓第三運動定律　☐圓周運動與重力

功與機械應用
☐功與功率　☐位能與動能　☐力矩與轉動　☐簡單機械

電
☐靜電　☐電壓　☐電流　☐電阻

國三理化下

電流的效應
☐電流的熱效應　☐電的輸送與消耗　☐家庭用電安全
☐電池　　　　☐電流的化學效應

生活中的電與磁
☐磁鐵與磁場　☐電流的磁效應　☐電流與磁場的交互作用
☐電磁感應　　☐發電方式與原理

國三地球科學上

我們身邊的大地
☐水的分布與水資源　☐礦物與岩石
☐地表的地質作用　　☐河道與海岸線的平衡

地球的構造與變動
☐地球的內部構造　　☐板塊構造運動　☐地殼變動
☐臺灣地區的板塊運動　☐地球的歷史

太空和地球
☐綜觀宇宙　　☐晝夜與四季
☐月相、日食與月食　☐日月對地球的影響　☐潮汐現象

國三地球科學下

複雜多變的天氣
☐地球的大氣　　　☐天氣的要素　☐氣團和鋒面
☐臺灣常見的災變天氣　☐氣象預報

火鍋奇幻物語 國中自然科一日特訓

作　　者：曾明騰
繪　　者：米巡＆步烏
書籍企畫：許雅筑
自我挑戰題目出處：103～110年國中教育會考試題
心智圖與試題附圖繪製：丸同連合

責任編輯：許雅筑
美術設計：丸同連合

出版｜快樂文化
總 編 輯：馮季眉
編　　輯：許雅筑
FB 粉絲團：https://www.facebook.com/Happyhappybooks

讀書共和國出版集團
社　　長：郭重興
發行人兼出版總監：曾大福
業務平台總經理：李雪麗
印務協理：江域平｜印務主任：李孟儒
發　　行：遠足文化事業股份有限公司
地　　址：231新北市新店區民權路108-2號9樓
電　　話：(02)2218-1417｜傳　　真：(02)2218-1142
法律顧問：華洋法律事務所蘇文生律師

印　　刷：凱林印刷
初版一刷：西元 2022 年 5 月
定　　價：350 元
ＩＳＢＮ：978-626-95760-2-9（平裝）
Printed in Taiwan 版權所有・翻印必究

國家圖書館出版品預行編目（CIP）資料

火鍋奇幻物語：國中自然科一日特訓／曾明騰
文；米巡，步烏圖.－初版.－新北市：快樂文
化出版：遠足文化事業股份有限公司發行，
2022.05
　面；　公分
ISBN 978-626-95760-2-9（平裝）

1. CST：自然科　2.CST：中等教育

524.36　　　　　　　　　　111005273

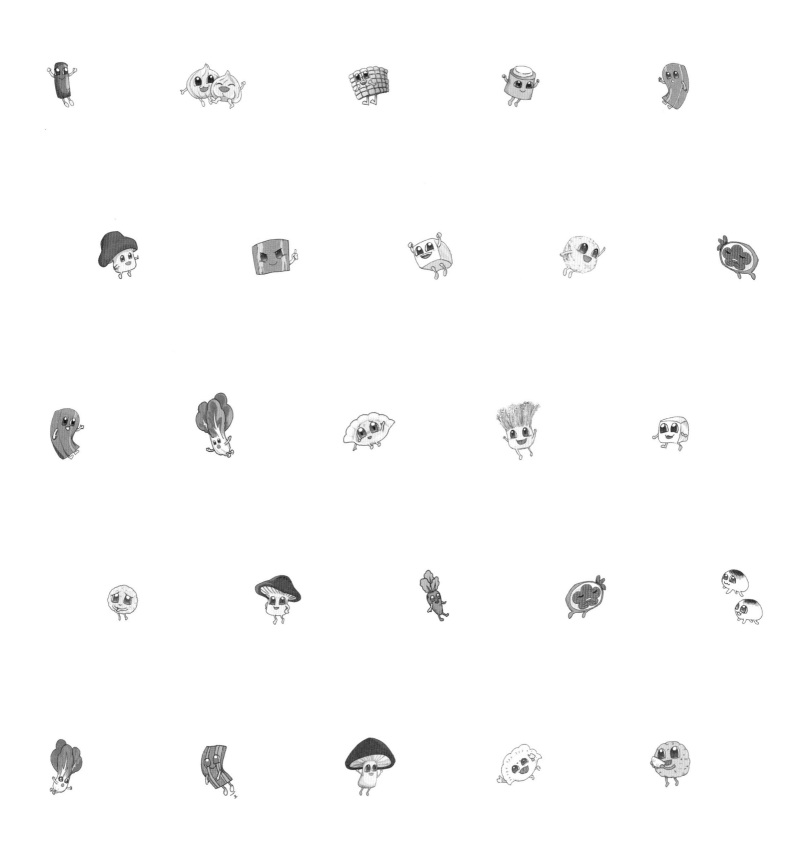

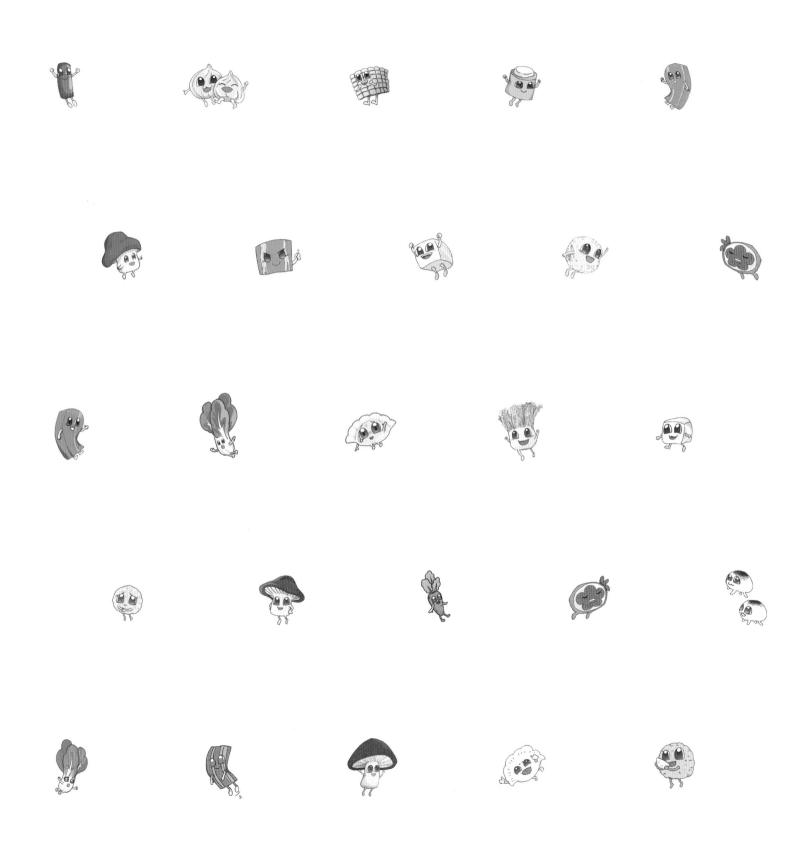